春节

中国节

文字·苏 槿
插画·萧三闲

五洲传播出版社

 爆竹声中一岁除

天大的事,等过了年再说!

从古至今,在中国,每当春节临近,无论达官显贵,还是寻常百姓,心里最惦记的都只有一件事——过年。

"爆竹声中一岁除,春风送暖入屠苏。千门万户曈曈日,总把新桃换旧符。"宋人王安石写尽了这个节日的所有热闹和新气象,更道出了春节的永恒主题——辞旧迎新。这就是被中国人视为第一大节日的春节的魅力所在。

由于历朝历代所采用的历法不同,春节有许多"曾用名",但这个节日的时间节点始终在年终岁首,且与二十四节气中的"立春"接近,甚至重合。所以说,这是一个告别严冬,迎来早春,渡过难关,焕然新生的大好时节。

在生活物资相对匮乏的那些年代,逢年过节,对大多数人来说,便意味着有肉吃、有酒喝、有新衣裳、有爆竹、有零嘴儿。这也是以前的孩子盼星星盼月亮般盼着过年的根本原因。

今天,中国人对于过年的期盼,不再是拘于物质层面的向往,而是在精神层面上倾注了更多的热情。比如,渴望家人的温暖,对假期生活的向往,将日常工作的压力抛诸脑后,与亲朋好友聚会狂欢或结伴出游。

无论什么时代,无论物质条件是否丰足,春节之于中国人,最根本的意义始终是阖家团聚。家对于中国人来说,是最不容割舍的情感单元,平素含蓄的中国人,借着春节回家的机会,以家人团聚的方式,来了一次集体情感大爆发。

作为一个古老又长青的传统佳节,春节的魅力,早已不局限于中国。亚洲许多近邻,或自古与中国有渊源的国家,也都流行过春节,烟花爆竹、玩龙舞狮,还加入自己国家和民族的一些民俗,过得精彩纷呈。至于全世界的华人聚居区,各国各地的唐人街,春节始终是最重要的传统节日,表达着海外游子的思乡之情和对亲人的浓浓思念。

春节正是由于凝聚了中国人最浓厚的情感、最质朴的愿望,才成为千百年来最深入人心的第一大传统节日,成为世界上影响最大的民俗节日。

千百年来,中国人跨越千山成水,从天涯海角回家过春节的情景,很容易让人想到西方的圣诞节。那同样是一个以团聚为主题的盛大节日。

每年进入12月,世界上有100多个国家和地区的人们开始为即将到来的圣诞节忙碌,并在12月24日晚,掀起一场名为"平安夜"的温暖狂欢。

圣诞节是基督教徒纪念耶稣诞生的节日。尽管相比春节而言,圣诞节的宗教色彩更为浓厚,但剥离开宗教元素,在圣诞节这一天,西方民众也会用一顿丰盛、热闹的圣诞家宴来表达团聚的喜悦,彼此举杯祝福,与中国人的除夕年夜饭有着惊人的相似。当家宴撤罢,中国人守着一台春节联欢晚会"守岁",西方人则在圣诞树下开起盛大派对,围着温暖的炉火载歌载舞,拥抱祝福。将圣诞夜带入高潮的,是圣诞钟声,而除夕夜的高潮也同样以新年钟声响起、烟花爆竹清脆为标志。

中国人过年,北方人少不了吃饺子,南方人离不开吃汤圆,寓意喜庆、团圆、吉祥、如意;西方人过圣诞,则必吃火鸡,他们认为这样就能在新的一年交到好运。中国的孩子最爱过年,因为给长辈拜年就有压岁钱,而西方的孩子同样憧憬圣诞,因为他们坚信:圣诞老人会从烟囱里爬进来,给他们投递意想不到的圣诞礼物。

无论春节还是圣诞节,尽管来源不同,时间不同,庆祝方式各异,但归根结底的主题都只有一个:个体回归家庭的感恩,生命面对未来的憧憬。全世界人民通过节日,期盼幸福、团圆、平安的美好愿望与情感,别无二致。中国的春节、西方的圣诞节,之所以能在人类社会得以千百年的传承和延续,既是这种美好愿望与情感的延续,也是文化与信仰的传承。

当中国春节逐渐受到世界各地人们的欢迎,逐步影响世界的同时,中国的许多城市也在悄然流行圣诞节,人们把它与元旦新年一起戏称为"双蛋"。尤其是对年轻的中国人来说,圣诞节已经成为他们最喜爱的"洋节"之一。

不同文明,和谐发展,美美与共,天下大同。

目录

序
爆竹声中一岁除 _ 005

第一章
春节是这样来的 _ 013
春节,中华民族第一大节 _ 016
春节的起源 _ 019
"年"的起源 _ 025
春节与元旦 _ 026
十二生肖与春节 _ 029
春节,中华民族共同的节日 _ 030

第二章
欢欢喜喜过大年 _ 033
腊月初八:梅香甜甜暖"腊八" _ 036
腊月二十三:祭灶吃糖过小年 _ 041
腊月二十四:欢天喜地扫房子 _ 047

腊月二十五：家家户户磨豆腐 _ 052

腊月二十六：汤浓肉香飘满楼 _ 060

腊月二十七：年鸡年鸡年年吉 _ 065

腊月二十八：馍白糕糯事事发 _ 073

腊月二十九：走亲访友有好酒 _ 080

除夕：岁岁平安好福气 _ 086

正月初一：开门拜年人欢喜 _ 095

正月初二：感恩父母家和睦 _ 103

正月初三：老鼠娶亲人得闲 _ 109

正月初四：灶王归来事事吉 _ 118

正月初五：财神迎来腰包鼓 _ 124

正月初六：开市大吉溜溜顺 _ 130

正月初七：踏青出游食菜羹 _ 136

第三章
节庆活动里的春节 _ 143

从古到今的"春运",只因"家"在召唤 _ 146
好玩,不过春节庙会 _ 150
爆竹声声,烟花璀璨 _ 155
龙,腾来吉祥;狮,舞来幸福 _ 158
花木迎春,雅俗共赏 _ 162
天涯共此时,除夕看春晚 _ 166
春节黄金周,怎可不出游 _ 170
门神与福,您都集齐了吗? _ 172
压祟压岁,红包到位 _ 177

第四章
舌尖上的春节 _ 183

年夜饭,花样百出庆团圆 _ 186
饺子,明清两代奠定的"春节霸主" _ 195
年糕,年糕,一年更比一年高 _ 199

吃汤圆，团团圆 _ 201
春节在春天，必得吃春卷 _ 203

第五章
诗文书画里的春节 _ 205
开门见喜，福禄寿喜 _ 208
跃然红纸，春联添喜 _ 213
挂吉祥年画，一团祥瑞 _ 218
古诗词串起的春节 _ 225
文学作品中的中国年 _ 229

第一章

春节是这样来的

春节，是中华民族最为盛大的节日。过春节，我们要祭祀神灵、祭祀先祖、祈福纳祥、祈求风调雨顺。2006年，"春节"民俗经国务院批准列入第一批国家非物质文化遗产名录。

那么，追根溯源，春节，到底从何而来呢？

春节的起源，大致有三种观点：腊祭说、巫术仪式说、鬼节说。三种说法虽然起源不同，但都源于先民通过祭祀、巫术等，祈求神灵及祖先，希望得其庇佑，来年风调雨顺。这样的愿望朴实而沉重，关乎族类生存繁衍，当然值得后人当作最盛大的节日来纪念和怀想。

既然是如此重要的节日，在世代相传的过程中，演绎而成的除了各种仪式，当然还有相关的传说。其中最容易传播的版本，就是打怪兽的故事了，人们也因此记住了"年"，喜欢上了除夕。

春节,中华民族第一大节

作为最受重视的传统佳节,春节已经陪伴世代中国人走过了几千年。在古代,这个隆重而盛大的节日曾经被称为岁首、正旦、元日等,直到1912年中华民国成立后才被叫作春节。春节之所以有如此强大的感召力,与中国先民对时间的感受和认知密不可分。

自远古以来,天文、物候和社会生产活动等通常被中国人当作时间变化的重要参照。早在夏以前的先民就已经产生并掌握了时间周期"年"的概念。《尔雅·释天》称:"夏曰岁,商曰祀,周曰年,唐虞曰载。""年"是农业社会最重要的时间概念,是对农耕生活规律的系统总结。

秦汉时期,因为社会生活的不断发展变化,人们的岁时观念也随之改变,除农耕参考之外,岁时更多的与社会生活关联起来,使之具有明显的社会意义。在象征一年开始的岁首,朝廷会借机展示和加强君臣之义,民间则将之作为家族家庭聚会的良辰。

自秦到汉代中期,岁首在夏历十月,十月初一即为新年。汉武帝太初元年(前104年),夏历正月正式被确定为岁首。尽管此后历法不断修正改变,正月岁首的原则始终不变,年节因此得以固定,各种祭祀、庆祝活动也得以传承发展。汉中期以后,岁首正月初一被称为正月旦、正旦等,是皇家举行大规模朝会的重要庆祝日。受此影响,民间也将年节民俗活动由传统的腊日、腊明日移到"正日"。东汉崔寔《四民月令》载,正日礼信的主要内容为祭祀祖先、礼敬尊长,其次是宗亲乡党互相拜贺。后世拜年的传统由此而来。

魏晋南北朝时期,朝廷仍然沿袭岁首朝贺大典,民间的元日活动则越发丰富多彩,先是在门前燃放爆竹"以辟山臊恶鬼",然后再给尊长拜年。

春节有法定假日,却是从唐代开始的,通常是年前3天年后3天,加上正日,刚好与今天的春节黄金周长度一样。同样,朝廷举行朝贺大典,而民间阖家团聚。

唐代以后的宋、元、明、清各代,春节的叫法时有变化,或元日,或元旦,或新年,但朝野的庆祝活动大同小异,只是朝廷更重规模和场面,还会举办各种节日灯火和杂艺表演,摆出与民同乐的姿态。而民间的年俗活动则在原有的传统基础上,不断丰富,更为有趣。

1912年1月1日,中华民国临时大总统孙中山宣布以公历为标准纪年,被称为公历或阳历,而传统历法则被称为农历或阴历。1914年1月，北京政府内务部提出"拟请定阴历元旦为春节"，有着3000年历史的传统农历新年岁首被官方正式易名为"春节"，而元旦、新年的叫法被公历1月1日占用。民国政府后来一度尝试将传统节日习俗合并到公历系统中，废除农历春节，将相应庆祝活动搬到公历新年，效果很不理想。1934年初，废除农历传统节日的做法宣告失败，"民间习俗不宜过于干涉"。农历春节在民间名正言顺地传承下来。

1949年中华人民共和国成立，在历法上继承了民国时期的传统，在采用公元纪年的同时，对传统年节也给予了特别关注，"春节"成为社会上下对农历新年的叫法。

作为迄今历史最久、流传地域最广、过节人数最多的中国传统节日，春节的确堪称中华民族第一大节，其存续和发展对中国人，甚至全世界产生着日益深远的影响。

春节的起源

腊祭说

时至今日,中国人过春节依然有祭神、祭祖的仪式,这样的习俗被民俗学家认为是源于炎帝神农氏时期"索鬼神而祭祀",也是春节起源说最普遍的一个说法。

所谓的"索鬼神而祭祀",其实就是蜡祭。蜡祭,在一年之终进行。《礼记·郊特牲》上说:"伊耆氏始为蜡",这位伊耆氏,据后世考查,多认为是神农或帝尧。

那是在遥远的上古时期,世界蛮荒,自然灾害频发,人们面对大自然时不时的"坏脾气"常常束手无措。风调雨顺、五谷丰登就

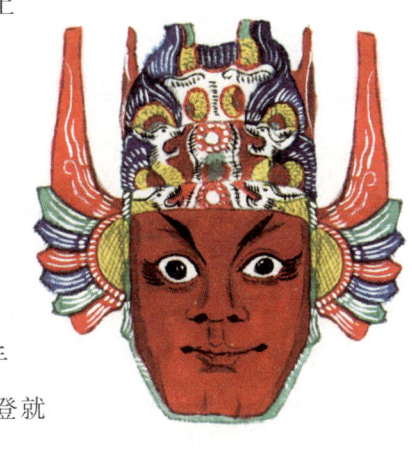

是他们最朴素、最本真的愿望。每逢岁末，人们便用积攒了一年的微薄收获来报祭神灵和祖先，祈求来年顺遂丰收，这便是"蜡祭"。蜡祭很有意思，甚至还有边唱边跳的蜡辞："土反其宅！水归其壑！昆虫毋作！草木归其泽。"虽然年代久远，但这段说辞非常好理解，"风沙、泥土不要作恶，返回它的原处；河水不要泛滥，回到它的沟壑；昆虫不要繁殖成灾；野草丛木回到沼泽中去，不要生长在农田里。"看吧，人们的祈福就是这么淳朴，由此也可见，蜡祭的确是地地道道的农耕社会的产物。其实放到现在来看，就跟我们年年春晚要唱的歌一样："难忘今宵，难忘今宵，共祝愿，祖国好，祖国好。"无非都是对美好生活向往的一种追求和表达。

除"献上所有"以表诚意之外，人们还有一些驱疫避灾的活动。我国著名民俗学家段宝林先生曾在《中国古代的狂欢节——春节、蜡祭与傩》一文中说道："人们需要祭祀的神颇多：天神、农神，甚至还有'猫神''老虎神'……"因为众神的通力配合，才最终为人们争取到了丰收。祭祀众神的场面当然是盛大而热闹的，且歌且舞，这也就奠定了春节欢乐热烈的基调。可以说，上古时期的蜡祭就是后世春节祭祀的最原始形态。

及至秦汉时期，"蜡"改称"腊"，"腊祭"在"蜡祭"的基础上，又添了"猎取禽兽以祭先祖"的风俗，这在东汉泰山太守应劭所著的《风俗通义》中可见。因为在岁末进行，于是，人们开始将农历最后一个月称为"腊月"。其祭祀的对象，除了先祖，还有五祀（中国古代祭俗中所祭的五种神祇，具体神祇各文献记载不一，一般认为是户神、灶神、土神、门神、行神。）

《中国民间信仰风俗辞典》曾对"腊祭"做出权威的定义："关于春节的由来，或说源于上古社会的腊祭。腊即岁终祭众神之名，因而春节乃是由一年农事毕后为报答神的恩赐而来。"

隋唐时期，尽管腊祭依然隆重，但其承载的使命却淡出历史舞台，其核心思想已经融入岁末年初的新年祭祀。

时至今日，在四川的农村地区，每逢临近年关，便有"杀年猪、请老祖宗"的习俗，而后再宴请街坊四邻。这是一年中最盛大的一次宴席。这便是腊祭在如今的演绎吧！

巫术仪式说

原始社会生产力低下，人们对自然的认识非常有限，一种神秘的力量——巫术诞生了。在一些重大的具有特殊意义的日子，人们通过扮神扮魔，期望用意念来掌握事件的发展，达到驱赶、避开祸患的目的。这就是巫术仪式。

民俗学家王娟在《中华文化讲座丛书》第二集《中国的春节》一文中指出："从春节一系列仪式活动来看，春节应该源于古代的巫术仪式，是古代原始信仰之一——巫术的具体表现。所谓巫术仪式，就是原始人相信，通过人本身的意志和力量可以调整和控制自然事物的发展。春节期间的各种活动，例如：饮食、祭祀、装饰、娱乐、游艺,以及春节期间的种种禁忌,包括语言、行为、饮食等禁忌,都是围绕着辟邪祈吉而展开的。人们通过自己的行为、语言和表演等来驱赶或避开邪恶,并得到平安和幸福。随着社会的发展,春节逐渐失去了其巫术的内涵而演变成一种庆祝活动。"

说白了,巫术,源于人类对把控自身命运的不自信,这在上古时期是完全可以理解也是很好解释的。我们的祖先在生产力极其低下的原始社会,与大自然进行着日复一日的艰苦斗争。在一年岁末,人们通过巫术求个心安,祈愿来年更好,更顺。随着人类文明的进步,人们越来越理性地看待人与自然的关系,巫术也就渐渐失去了昔日的光芒。

新中国成立以前,一些少数民族仍然保留有巫术仪式,比如纳西族在每年春节进行的大祭天。祭天要用洁净的祭天物祭祀代表天、地、人皇的三棵树,并且还要由祭司唱颂纳西族"史诗"——《创世纪》。《创世纪》中的经语其实就是早期纳西巫师们唱诵的巫歌。随着社会的进步、历史的变迁,纳西原始社会活动渐渐湮没,除极少数山区还有部分东巴教活动外,大多不复存在。

鬼节说

原始社会生产力低下,人们常常受到寒冷、饥饿、自然灾

害的威胁，因为没有足够的科学知识，也没有抵御、战胜困境的办法和能力，人们往往感到十分恐惧，进而认为这一切都是"鬼神"在作祟。而春节，是一年之春，一年之始。令人战栗的寒冬已经过去，人们看到了新的希望，于是欢欣雀跃，相互道贺，久而久之便形成了春节的习俗。

徐华龙先生的《春节源于鬼节考》中提道："春节期间为什么要祭祀祖先，人们又为什么要用令人伤悲的对祖先亡灵的追忆来冲击节日的喜庆气氛呢？说到底，答案只有一个，那就是鬼的文化底蕴深深地扎根在春节之中。或者说，春节从其形成雏形开始就打上了鬼文化的烙印，亦可以进一步论证为人们因驱鬼胜利而欢欣鼓舞，而形成了这一节日习俗。"

"年"的起源

春节又叫过年,但"年"的起源和春节又是不一样的。

在古老的中国民间传说中,夕(也作祟)是一个怪兽,每到岁末,便出来危害人类。这一日的夜晚,家家户户大门紧闭,不敢睡觉。一个叫"年"的孩子告诉人们,夕(祟)害怕火光,害怕红色。于是,大家就在大门和树上挂红,点燃爆竹,炸得噼里啪啦地响。天快亮的时候,夕(祟)终于被吓走,人们终于熬过了年关,互相道贺……这便是"熬年"的由来。

还有一个故事的版本,是讲祟(即夕)是一个小妖,年三十晚上要溜进家里吓唬小孩子。父母们害怕孩子被祟吓坏,便用红包包上铜钱,放在孩子枕下,以避灾祸。这便是"守岁(祟)"的由来。这些传说在后文中还会讲到。

如今,熬年、守岁依然是春节的传统习俗之一。

春节与元旦

"春节"一词最初出现的时候,并非现在的意思。《后汉书·杨震传》载杨震上疏安帝曰:"冬无宿雪,春节未雨,百僚燋心。"这里的"春节"是指春季;南宋文天祥也曾在《二十四日》诗中提道:"春节前三日,江南正小年。"后人推测,此诗写于己卯年腊月二十四,俗称小年,是诗中提到的"春节前三日"。那一年的"春节"即腊月二十六日,正是立春。所以,这里的春节又指的是立春,而不是现在所说的正月初一。

那么,我们现在所说的春节在古代到底叫什么呢?在古代,中国人称其为"元旦"。宋代吴自牧《梦粱录》有关于"元旦"的释义:"正月朔日,谓之元旦,俗呼为新年。"

根据朝代的不同,元旦的称呼也略有不同。

正月初一这一天,是一年之始,是春季之始,亦是正月之始,因而,这一天又被称为"三元"。先秦时期,人们把春节叫"元日"或"上日"。

到了汉朝,这一天,也称岁之朝、月之朝、日之朝,故而

也称为"三朝"。再加上这一天是第一个朔日,因而又称为"元朔"。另外,这一日还有上日、正朝、三朔、三始等别称,意即正月初一是年、月、日三者的开始。

魏晋南北朝是个辞藻华丽的时代,文人们新创了形形色色的词来指称春节。比如"元辰""元日""元首""岁朝";到了唐宋元明时期,则称为"元旦""元""岁日""新正""新元"等;而清代则一直叫"元旦"或"元日"。

中国历史悠久,历朝历代,都有根据当时风俗习惯来确定"元旦"的时间。如颛顼帝和夏代都以孟春正月为元,即用建寅(正月)的夏历(夏历是古代汉族历法之一,又称农历。传说是夏代创立的历法。夏历以月球绕行地球一周为一月,即以朔望月作为确定历月的基础,一个月叫作"朔望月"。每月初一为朔日,十五为望日,"朔望月"是月相盈亏的平均周期。夏历除了反映月相盈亏外,还反映了潮汐现象),以农历正月初一为元旦。商代使用殷历(殷商时期的历法,殷历正月相当于农历十二月。)殷历建丑(农历十二月),以农历十二月初一为元旦;周代使用周历(周历是我国古代汉族历法之一,与黄帝历、颛顼历、夏历、殷历、鲁历合称古六历。)周历建成子(农历十一月),以农历十一月初一为元旦。秦代使用秦历(即"颛顼历"。在周末已经制定,秦统一后颁行全国),秦历建亥(农历十月),代用颛顼历,以现在的阴历十月为岁首,即所谓"建亥孟冬之月"。西汉前期仍然使用秦历,汉武帝太初元年(104年)改用司马迁、洛下闳创制的太初历（中国古代第一部比较完整的汉族历法，也是当时世界上最先进的历法。以正月为岁首），又重新使用建寅的夏历，以农历正月初一为元旦。以后除王莽和魏明帝一度改用建丑的殷历，唐武后和肃宗时改用建子的周历外，各朝代均使用夏历直至清朝末年。这也是我们现在为什么把阴（农）历（阴历是中国传统历法之一，俗称古历、汉历、夏历、旧历）称为夏历的原因。

　　如今我们所说的"元旦"，是新中国成立前夕，1949年9月27日，第一届中国人民政治协商会议，在决定建立中华人民共和国的同时，也决定采用世界通用的公元纪年法。因此，每年公历1月1日称为"元旦。"春节，依然延续古时传统——农历正月初一。

十二生肖与春节

过年,少不得十二生肖的参与。鼠牛虎兔龙蛇马羊猴鸡狗猪,入选十二生肖的十二种动物,与人们的日常生活和社会活动密切相关。被人类驯服的"六畜",即牛、马、羊、鸡、狗、猪赫然在列;人们熟悉的野生动物如鼠、虎、兔、蛇、猴也收入其中。龙,作为中华民族的象征与图腾,更是少不了。

那么,鼠年、牛年到底是以哪个时间点来划分的呢?在学术界,有两种不同的观点。一种认为,生肖以春节纪年为准;另一种则认为,生肖以立春节气为准。如此便形成了一道难题:立春之后,春节之前出生的孩子,要如何给他的属相下定义呢?

大部分民俗学家认为:农历新年为起点计算生肖的方法,最早出现在北宋。立春并不一定就是一年的开头,有的年份两头都有立春,有的年份或许没有立春。而春节是农历新年的开始,也是农历生肖年的开始,因此属相自然要从正月初一开始算。

春节,中华民族共同的节日

中原地区是中华文明的发祥地,在长期的生产、生活中形成了岁时节庆习俗。古老的春节,虽然带着农耕文明的印记,但在其2000多年的历史发展中,逐步成为中华民族亲情伦理的情感纽带,使中国人的情感得到宣泄,心理诉求得到最大满足。

我国是一个统一的多民族国家,除汉族外,还有55个少数民族。长期以来,各民族相互融合,相互交流,相互影响,在文化的传承和沿袭上也有着许多共通之处。春节期间,大多数少数民族和汉族一样,祭祀先祖,除旧布新,祈求丰年,处处呈现着热闹、和睦的节日景象。春节,不仅是汉民族的第一大节,也是少数民族的一大重要节日。不过,一方水土一方俗,少数民族群众在过春节的时候,会加入自己民族的文化特色和过节风俗,形成具有独特本民族特色风情的中国春节。

比如,满族人的春节习俗就源于汉族。自清兵入关后,满族人迁居关内,与汉族人杂居,在文化上互相影响。汉族人过春节要贴春联挂灯笼,满族有"红、黄、蓝、白"四旗人,春节时,要挂上代表自己所在旗颜色的旗帜。除此之外,他们也学汉族人贴福字、包饺子,还要做一种满族的传统糕点——萨其马。

蒙古族过年,也差不多从腊月二十三就开始了。除了洒扫、准备饮食、新装等,这个"马背上的民族"还需给马佩红缨和新鞍。初一一大早,男男女女跨上骏马,挨个地去串蒙古包,主人定有好酒招待。这是蒙古族的拜年。

壮族的春节自除夕开始,到正月初二,共计三天。除夕要杀鸡宰鹅,好酒好菜,米饭蒸得越多,就意味着越富裕。和汉族人过年要吃饺子不一样,壮族人过年一定要吃粽子。

聚居在云南的哈尼族人,在春节的前几天就已经开始忙活。小伙子上山砍竹子,准备立秋千;姑娘们开始舂粑粑。云南的春天比其他地方来得更早一些,春和景明的日子,男女老少穿着靓丽的衣服荡秋千,沐浴春风,迎来祥瑞。

台湾的高山族人将春节过得颇有情趣。除夕之夜,一家老小围坐在圆桌上聚餐,桌上必有火锅,这叫"围炉"。蔬菜不切断,洗净后带根煮熟,意为祝福父母长寿如意。一家人齐齐整整地坐在一起,有好酒,有好菜,围炉夜话,其乐融融。

第二章

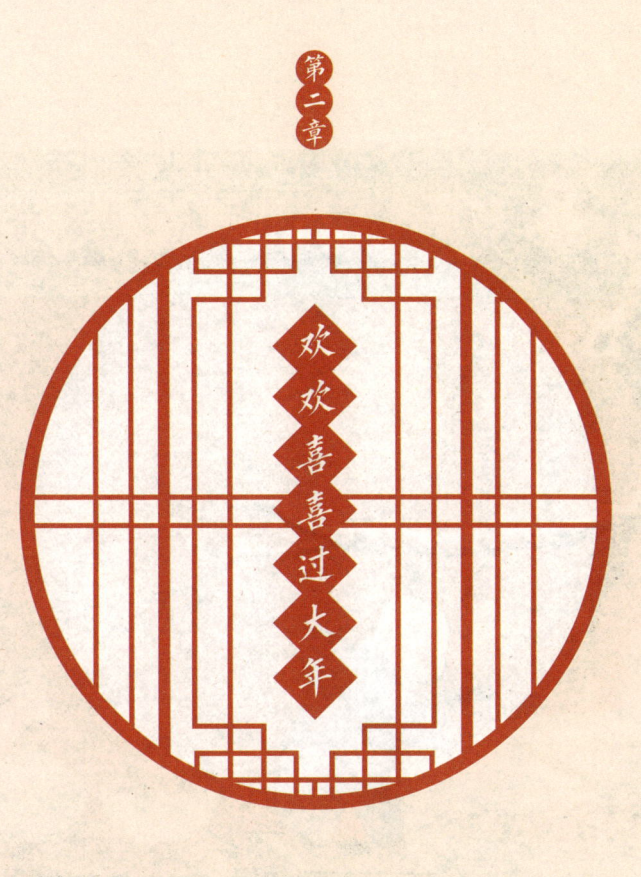

欢欢喜喜过大年

一脚跨进了腊月的门,人们便数着天儿盼过年了。腊月,是一年中最后一个月,本来是天寒地冻,甚至大雪封山的。出门不易,回家不易,什么都不容易,但正是因为有了对过年的期盼,原本难熬的一个月才能坚强挺过。过年,仿佛就像是"拨开云雾见光明",冬天过去了,春天终于来了,新的希望也终于来了!

因为热气腾腾的腊八粥,腊月初八又成了腊月的标记。但真正的腊月年关,得从二十三送灶王算起,接下来的每一天,都有相应的"年关任务",也都有各自的传统和讲究,好似游戏关卡一般,必须关关过,才能收获终极幸运!

一家老小忙忙碌碌、欢天喜地、热热闹闹,按照千百年的传统和时新的方式,这个年才算是过得有声有色、有滋有味,经得起来年漫长劳作的消磨。

腊月初八：

梅香甜甜暖"腊八"

腊八，算起来是进入腊月后第一个被多数人记得的日子。即便你不知道它的来历，也一定记得在这一天喝上一碗香甜的腊八粥。

腊八粥又被称为"八宝粥"。所谓"八宝"，其实是没有定数的，但总少不了红枣、枸杞、桂圆、糯米、芝麻、葡萄干、核桃、红糖等物，有时候会多出八样，有时候也会凑不齐八样，全看当时的物料和人们的心情。当然，这碗粥在小孩子看来，肯定是好喝的。在南方，进入腊月就有一句谚语："胡萝卜咪咪甜，看到看到要过年。"

腊月过到了腊八，关于过年的事宜也就开始提上日程。

冰心同款腊八粥,至今也吃不够

冰心先生笔下的腊八粥是这样的:"这腊八粥是用糯米、红糖和十八种干果掺在一起煮成的。干果里大的有红枣、桂圆、核桃、白果、杏仁、栗子、花生、葡萄干等,小的有各种豆子和芝麻之类,吃起来十分香甜可口。又听闻,腊八粥要在腊月初七晚上就开始洗米、熬制,直到腊八清晨才算大功告成。"每逢腊八,总要照着书本上讲的来做,只可惜永远凑不齐文中提到的所有食材,以至于后来很多年都悻悻得很。

一场盛大的施粥仪式

说到腊八这一天的"仪式感",这还要从腊八的由来开始说起。关于腊八节的来历,一说释迦牟尼"成道日";一说岳家军喝"千家粥";还有一说是朱元璋"落难日"。普遍认同的是第一种说法。相传,佛教创始人释迦牟尼曾在森林里苦修,每日仅以一

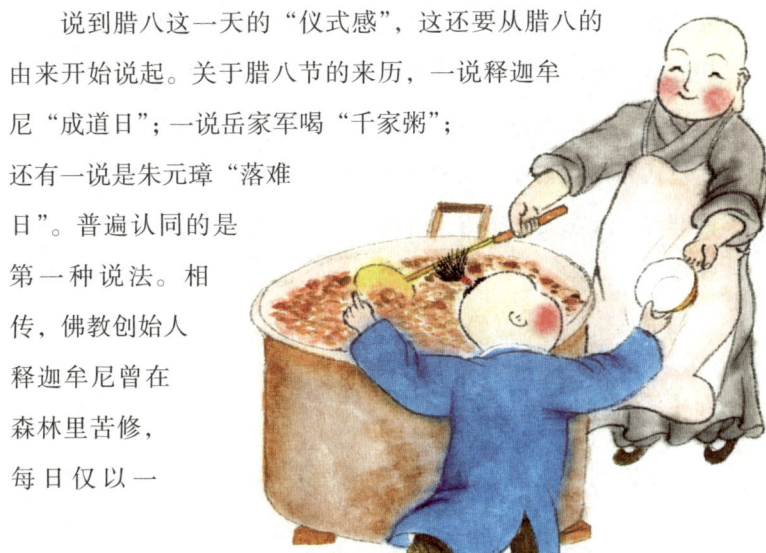

麻一麦果腹，历时6年，已是骨瘦如柴。一无所获的释迦牟尼来到那棵后来闻名于世的菩提树下，接受了牧女带来的乳糜（用乳汁或酥油调制的粥）。勉强恢复体力之后，释迦牟尼发下誓愿，进而七日彻悟证道。佛祖成道之日正好是腊月初八。因此，腊八节实则是佛祖"成道"纪念日。腊八粥便是为了纪念释迦牟尼佛成道，以及感念牧女供粥给佛陀。

腊八熬粥、施粥，在我国已有千年之久，最先起源于寺庙，后来大户人家为了积德行善，也会当街施粥。

《红楼梦》中有一个关于腊八粥的故事，在第十九回《情切切良宵花解语 意绵绵静日玉生香》里：贾宝玉对林黛玉说，林子洞中的耗子精要熬腊八粥，山下庙里果米最多，"米豆最多，果品却只有五样，一是红枣，二是栗子，三是落花生，四是菱角，五是香芋"。虽然这则编造的故事是贾宝玉取乐林黛玉的桥段，却道出了清朝官宦人家、民间对于腊八节的重视。

如今，腊八这一天，很多寺院都会向信众施粥。最著名的包括北京潭柘寺、雍和宫，杭州灵隐寺，扬州大明寺，南京玄奘寺，西安大兴善寺，河南少林寺，成都文殊院，重庆华岩寺等。

泡上一坛腊八蒜

要说到年味的比拼，还是北方略胜南方。在北方的腊月，

特别是老北京人都会在腊八这一天泡一种叫腊八蒜的吃食。这腊八蒜啊，可是个"第一眼美女"：周身通体碧绿的，如同翡翠碧玉，因此，又叫翡翠腊八蒜。

腊八蒜虽说是在腊月初八这天腌制，却要等到除夕那天才启坛。腊月里要吃到这一口腊八蒜，走遍了大街可不一定找得到，这是何缘故呢？据说，腊八蒜的蒜字，取"算"字谐音。在过去，各家商号都要在这一天加班加点，算出一年的收支，外债也要在这一天算清楚。也就是说，腊八这一天，放租子的人会去各家放出风声：一年到头了，该还钱啦！北京城里还有句民谚："腊八粥、腊八蒜，放账的送信儿，欠债的还钱。"这也就是临近年关，街头巷尾各式年货都有卖，唯独不卖腊八蒜的缘故。被人催债的滋味毕竟不好受啊！

当然了，这一坛腊八蒜到了除夕启坛，意义就不一样了。除夕之蒜，意味着这一年"有钱算""会合算"。

一碗腊八面，先敬众神仙

有喝粥的地方，自然也就有吃面的地方。在陕西关中地区，旧时物资流通不发达，那一带又产面不产米，于是人们不喝腊八粥，而是吃腊八面。腊八面最精华的部分是用各种果、蔬做成的臊子，再浇上豆类熬制的浓浓的高汤，淋在面条上，甚是驱寒。

吃腊八面可是有规矩可讲的：第一碗腊八面先献给灶王爷，寓意民以食为天；第二碗面敬财神爷——祈福赐财；第三碗面供列祖列宗——求得保佑子孙，家业兴旺；最后将前三碗面回到锅里——有福同享。分面的时候，长幼有序，人人都要尝一口，以求丰收和吉祥。

腊八只是春节的一个序曲。自腊八过后，一切围绕着春节的准备工作便陆续展开，直到腊月二十三，才算正式踏入春节的门槛。

腊月二十三：

祭灶吃糖过小年

一脚踏进腊月的门，所有的事情都围绕着"年"应承起来。

因为对"年"有着殷切的期望，这一个月显得格外漫长；但这一个月的烦琐事情也实在是多，很多年货是从跨进腊月门就要开始置办的，也正因如此，这一个月也显得格外紧凑。我们数着天天儿盼过年，童谣里唱得更是真切："小孩小孩你别馋，过了腊八就是年。腊八粥你喝几天，哩哩啦啦二十三。"

从腊八开始，熬过半个月，恭喜你，正式喜提进入春节的流程！

打开春节的正确方式，是老祖宗们早已约定俗成的。从腊月二十三开始，一直到腊月三十，从一个小高潮渐渐进入盛大的狂欢。

灶王喜好吃口糖？

腊月二十三晚上，恭恭敬敬地在灶台上放上一盘"国货之光"——大白兔奶糖。够甜，够粘牙！再对着灶台煞有介事地说："亲爱的灶王爷，麻烦您今日回天庭，说的都是好事，带来的都是好消息！"这当然是腊月二十三习俗的现代版演绎，要在过去，可是比这郑重百倍的。

"二十三，糖瓜粘"，一看就跟吃有关。

糖瓜是祭祀灶王的食品，"粘"也是想粘住灶王的嘴。可是，为何要用糖粘住他的嘴呢？这事儿一说就扯远了。祭灶，从商周时期就已存在，是国家"五祀"之一。"五祀"即中国古代祭俗中所祭的五种神祇，具体神祇各文献记载不一。一说是祭门神、户神、井神、灶神、中溜（土地神和宅神）之一。灶王的权利是相当大的，可以说是一个家的"大家长"。据传，灶王先是在玉帝那儿领了命，便下凡到人间，进入寻常百姓家，不仅管着这一家的饮食之事，还监管言行。也就是说，这一年，这家人统共做了多少善事，说了多少恶语，在灶王心里都是有本清楚账的。到了腊月二十三这天，灶王要回到天庭去"述职"。俗话说，"家丑不可外扬"，更传言倘若被灶王在玉帝那儿参了一本，轻则减寿百天，重则减寿300天。于是，人们便精心为灶王准备回天庭的行头，这最重要的便是糖瓜。"吃了自家糖，家丑别外扬"。糖瓜的原料是黏度很高的麦芽糖，自然是甜得腻人，还黏黏糊糊粘牙得很，灶王就是想开口告状怕也是难了……灶王是不是真心喜欢吃糖瓜另说，不过腊月二十三的糖瓜倒是便宜了嘴馋的小孩儿。

灶王到底是谁？

我们在很多年画里都曾见过这位传说中的灶王。他天庭饱满，地阁方圆，虽不苟言笑，倒还算亲厚。有时候，还有一位女性陪在其旁，是灶王奶奶。

灶王是谁？至今也没有定论。一般认为，古代灶神最初是炎帝或祝融。淮南王刘安主持撰写的《淮南子·礼论训》记载："炎帝作火，而死为灶。"祝融是五帝之一颛顼的儿子。炎帝为火德之帝，祝融为火官之神，故同有"灶神"之称。有火才有灶。古时候，人们对火的崇拜，自然就有了这两位灶神的传说。

民间也有过女版灶神，后又回到了男性主持工作的局面。有一个更接地气的说法："灶王本姓张，骑马挎着枪。"不过不管他是谁，其实都是身负神职的自家人。

是日夜晚，鞭炮是要放的，这是为灶王践行的序曲。随后，一家之主便将糖瓜一盘，清茶一碗供在灶王像前，敬香祈福完

毕，再将灶王像从墙上揭下来烧掉，将茶水泼在纸灰上。据说如此一来，灶王爷便随着一缕青烟上天去了。祭灶王的年俗传至今日，有人与时俱进地给灶王送上回天庭的纸制豪车，甚至还有人将他的坐骑换成了宇宙飞船。大家的出发点，无非就是希望灶王爷早日带着好消息回家来。

其实，祭祀灶神既是大家对家宅平安、生活顺遂的一种祈愿，也是对自己一年来言行的审视。"上天言好事，下界保平安"，人神共愉，便是皆大欢喜。

古时祭灶神，今时小年夜

对于现代人而言，祭灶神恐怕太过"复古"，可小年的到来却是真切的。

早在北宋时期，小年，还称作"交年节"，意思是立春前后，年节之交。从南宋诗人范成大的一首《祭灶词》："古传腊月二十四，灶君朝天预言事。云车风马小留连，家有杯盘丰典祀"可以看出，宋朝的小年是在腊月二十四。直到清朝嘉庆年间，小年祭祀改在腊月二十三，由此，北方人的小年也就约定俗成在这一日了。但是南方大部分地方，因为"天高皇帝远"，直到今天，仍然延续腊月二十四的小年，也就是从前说的"官三民四"。

不管到底是哪一天，年的华美乐章总是从小年开始隆重奏响。北方的餐桌上，饺子的香味飘满了整个冬天；南方的小年当夜，则非得有汤圆端上桌。这汤圆里不光有糖馅儿的，还有肉馅的。小时候，家里还会在这一天烙糍粑。两边烙得金黄，刚起锅还烫嘴的时候最是口感佳，再蘸上一些黄豆面或者白糖，真是老少都好这一口！

小年夜晚会也适时登上了电视荧屏，大街小巷开始装饰成红色的海洋。电话两头的思念愈发浓烈，游子加紧了回乡的脚步。繁忙的都市人或许已忘记了糖瓜的滋味，但对吉祥如意的期望和守护的心却是亘古不变的。

家人闲坐，灯火可亲。

小年小团圆。

腊月二十四：
欢天喜地扫房子

腊月二十四这天，一年一度最为隆重的大扫除开始了。

二十四，扫房子，这是春节传承中重要的仪式。眨眼一年过去了，在年尾之时，将房子彻底打扫一遍，不仅为了用明亮干净的环境，迎接春节的到来，也是为了扫除一年来堆积在心里的尘土，迎接美好的下一年。

除尘布新在这天

北方人说的"扫房"，南方人讲的"掸尘"，说的都是这件事：二十四，扫房子。

这一习俗自上古时期就有。《吕氏春秋》中记载在尧舜时代就有春节扫尘的风俗。《清嘉录》卷十二也有记载："腊将残，择宪书宜扫舍宇日，去庭户尘秽。或有在二十三日、二十四日

及二十七日者,俗呼'打尘埃'"。可见,扫房子的目的即是扫去尘埃。因"尘"与"陈"谐音,因而,扫尘埃就有"除陈布新"的寓意。另外,家里干净也对身体大有裨益,在辞旧迎新之际,进行彻彻底底的大扫除,也寄托着人们祛病防疫、身体健康的憧憬。

这一场声势浩大的年终大扫除,就在腊月二十四,拉开了帷幕。

中国人相信,在这一天将尘土扫出家门,就是将穷运、晦气都赶出了家门。在过去,"扫房子"如同"转运"一般,将过去一年所有不好的事情尘封,留下的都是对新一年美好的祝福和真切的祈愿。

热爱劳动,就是热爱生活的表现

中国有句俗话,"一屋不扫,何以扫天下?"说是古时候有个叫陈藩的人,十五六岁的时候就立下了要以天下为己任的大志向。他天天埋头读书,完全不理会自己的房间凌乱不堪。他父亲的一个朋友看到后非常费解,就问他为何不打扫一下自己的房间?陈藩说:"大丈夫,当以扫天下为使命,扫一屋子算什么?"这位长者便教导他:"一屋不扫,何以扫天下。"

在腊月二十四这一天,平日里工作繁忙、学业紧张的年轻人和学生们,可以积极参与到这一项家庭活动中来。经过了漫长的寒冬，在春天即将到来之际，适当地动一动，洒扫、整理。更何况，一家人在一起劳动，也是彼此之间沟通情感的良好契机，何乐而不为呢？

写一个"福"字，添一份年味

中国人对"福"字可谓一往情深。有福，就是中国人最深的夙愿。过年的时候，家家户户都要贴福字。腊月二十四，就是写福字的日子。

净手焚香，摊开一张红纸，用大号毛笔蘸取浓墨，将一个"福"字犹如信念般落在纸上。一年到头了，这个福字一定要写好，因为它包含了一家人对来年所有的期许：万事顺意，人人沾福。

要说这"福"字怎么写？不妨参考一下康熙帝的意见。一代圣君康熙皇帝创造了史上颇为有名的"天下第一福"。在这个"福"里，隐藏了"多子、多田、多才、多寿、多福"的中国人心中理想的人生境界，可谓最高级的"福"。据说，孝庄太后在收到这份厚礼之后，百病全消，以75岁的高龄得以善终。

虽然如今的市场上有各种各样的"福"字售卖，有传统的，也有新式的；有适合老年人的"五福合一"，也有适合小朋友的萌版"福"。求"福"，着实更为方便了。但如何精心挑选，似乎都及不上自己的亲手书写。

　　在这一天写"福"字,讲求的是一份向好的心境。每到腊月二十四,很多中国人都会重拾毛笔,郑重书写一份"福"气。这个福,是老辈人传给我们的,也是我们要传递给下一代的。一个"福"字,跃然纸上,深深刻进我们的心里。

　　写一个"福"字,添一份年味儿。字写好了,这年味儿也就越来越浓了。

腊月二十五：
家家户户磨豆腐

小时候，家家户户都有一口石磨，每当要点豆花、磨豆腐，就会兴师动众地搬出来。这是一项大工程，那个时候，城里人的房子都不大，谁家要动这个大家伙，就会搬到院子里头去。这下好了，豆腐的清香飘满整个院子，只做几碗是不可能的，街坊四邻都张着嘴巴望着呢！

一年数到头，要动石磨的日子屈指可数，但有一天是跑不掉的，这就是腊月二十五。

小时候，并不知道腊月二十五为什么一定要吃豆腐，但豆腐好吃，磨豆腐的过程更是好玩，对于小孩子来说，大多是喜欢凑这个热闹的。

"二十五，磨豆腐"，像一首童谣一样，从小孩子嘴里说出来，格外好听。

豆腐，刘安造

豆腐，是地地道道的中国美食。见过磨豆腐的人都知道，豆腐不易得：要将黄豆制成豆浆，等它凝固成型，才成为豆腐。几千年来，豆腐不仅受到中国人的喜爱，也在后来逐步走出国门，受到外国人的追捧。

发明豆腐的人，据说是西汉淮南王刘安。刘安喜欢研究丹药。坊间传言，有一次，他在八公山上烧药炼丹，偶以石膏点豆汁，却意外制出了豆腐！这个版本好像有点随意。于是，人们又传出另一个版本，更符合中国人的逻辑：刘安是一个大孝子，他的母亲特别喜欢吃黄豆。有一日，母亲卧病在床，他便命人将黄豆磨成粉，加水熬成汤，又往里面添了些盐。没想到，这黄豆水竟然凝结成块。刘安又是个肯钻研的人，他和方士们一起研究，发现石膏水或卤水可以促使豆乳凝结，于是，豆腐的做法便流传开来。

宋人朱熹在《豆腐》一诗中写道："种豆豆苗稀，力竭心已腐，早知淮南术，安坐获泉布。"他在诗末注解道："世传豆腐本为淮南王术。"可见，后世诸人也是认同刘安的发明者身份的。

点豆腐与吃豆腐

豆腐虽不起眼，可却是一种富含蛋白质的食物。现代的营

养学家证实：黄豆类食品富含蛋白质，是唯一能抗衡肉类的植物性食材，因而落下了"植物肉"之名。也正因为如此，豆腐受到当今素食主义者的热捧。僧人们也多以豆腐入菜，既保证了日常的营养所需，也不违背他们不食"有情生命"的初衷。俗话说：青菜豆腐保平安。赶紧上碗豆腐吧！

腊月里点豆腐，卤水或者石膏是一早就备下的。这也是基于南豆腐和北豆腐的区别。南豆腐，一般用石膏来点，成色柔嫩细滑，俗称"嫩豆腐"；北豆腐，用卤水点制，色泽偏黄，适合煎炸炒用，又称"老豆腐"。家家户户因上桌的菜色不同，来点制自家需要的豆腐。

最为重要的，还要备好一大盆豆子。生豆子是不行的，需得在腊月二十四的晚上就开始泡发，经过一整晚的浸泡，到了第二天早晨，已经胀得通体透明了。用水和小刷子将石磨刷干净，就可以往磨子里添豆子了。这也是小孩子最爱干的活儿，不过，也不完全是毫无技术含量的。若添得慢了，会影响大人们磨豆子的效率；若添得急了或是一次性添多了，又容易导致豆子磨不细烂。于是，必得时刻牢牢盯住磨子，一次添一小勺，掌握节奏，不敢疏忽。大人们呢，干的就是体力活了。他们要不停地转动磨子；而后再用细纱布将豆浆过滤一遍，撇开豆渣；最后便是将大锅烧热，将豆浆烧开，再缓缓加入卤水或石膏，点成豆花；再将豆花倒入模具，压上一二十分钟，便可成豆腐。

豆腐做好了，可并不见得当日就要上餐桌，还得存放起来，得留做过年吃。"小馋猫们"可按捺不住了,大人们便会将一些"边角料"取下来,做成他们爱吃的菜品。劳动后获得的美食,吃起来格外香!大人们则喜欢一道小葱拌豆腐的名菜。葱花的青色,加上豆腐的白色,如此一盘,很好地诠释了"一清二白"。岁月更迭,一清二白始终是中国人信守的做人处事准则。快过年了,吃一盘"一清二白",也算不忘初心,时刻警醒。

吃豆腐,都有福

当然,"二十五,磨豆腐"能够成为一件春节序曲中不得不做的事,还有一些由来已久的说法和原因。

这其一,又跟灶王爷有关。腊月二十三,灶王爷回天庭述职。玉帝听了灶王爷的报告后,要在腊月二十五这天例行下凡巡视。玉帝是个心软的人,最是见不得人间疾苦,若是看到大家都过得不好,便会给一个风调雨顺的来年。人们抓住了玉帝这一心理,无论这一年光景如何,都会在这一日故作艰难状,磨豆腐、吃豆腐渣,以求得玉帝的同情,来年可以更加安稳。

这样看来,豆腐好像莫名其妙背了一口黑锅,好像吃豆腐就等于日子艰难一样。于是,人们又想办法给豆腐正名,说腊月二十五吃豆腐,就是祈祷"都有福"。快过年了,大家都希望沾上豆腐的福气,期盼日子一天比一天好。如此,磨豆腐、吃豆腐,便成了春节更为应景的事情。

如今，行色匆匆的城市人，已经不在这一日磨豆腐，豆腐也不一定会应时出现在老百姓的餐桌上。古时候物资匮乏，豆腐便可独撑起一席佳宴；而今，人们见惯了美味珍馐，还能安于豆腐的清淡么？有人说，爱吃豆腐的人安于清贫，爱做豆腐的人深谙"顺其自然"的法则。清代褚人获在《坚瓠集》中归纳："豆腐贵有十德：水者柔德；干者刚德；遍传广德；皆宜和德；价廉俭德；徽州之地，一两一盎，曰之贵德；食乳有补，称之厚德；可去垢者，谓之清德；污者不成，故为圣德；建窨槽者，奉之隐德。为人之道兮，须如豆腐。平平凡凡兮，不累不忧。简简单单兮，不挂情结。"

只有中国人，才能品出豆腐的滋味；只有中国节，才能体悟豆腐的品格。

北方糊窗户，江南照田桑

腊月二十五这一日，还有一些其他的事情要做。比如旧时北方人就要糊窗户纸。将旧的窗户纸撕下来，再用糨糊涂上一层新纸。过去，人们习惯说，"犹如一层窗户纸，一捅就破了"，可见，窗户纸可不怎么结实。想要窗户纸用得久一点，就要将豆油加热，在窗户纸上涂抹均匀。这样可防风吹破，防大雨淋湿。而且这样涂抹过的窗户纸会更透光透亮。新年新气象，来年更敞亮。

除此之外,旧时北京还有"赶乱岁"的传统民俗。那时,腊月二十五日至除夕被称为"乱岁日",亦称"婚嫁吉日"。这几天,诸神上天,百无禁忌,家贫不能成礼者多抢在这几日内嫁娶,谓之"赶乱岁"。如今,这样的风俗尚存,只是"赶乱岁"之说已不再提及,而多是认为佳节在即,喜上加喜。

旧时的江南一带,这一天还要"照田蚕"。人们将火炬立在田野中,若火焰旺,则预示来年会是个丰收年。

无论是糊窗户还是照桑田,都只是在提醒人们,旧岁的一切就要翻篇,新的篇章就要开启。

腊月二十六：

汤浓肉香飘满楼

一天天接近过年，老百姓的餐桌日渐丰盛。头一天才磨了豆腐，这一日就要吃猪肉了。重庆、四川的乡下，很多人家在腊月二十六这一日要举行隆重的杀年猪仪式，还要邀请乡里乡亲来吃"刨猪汤"。"刨猪汤"不是一道汤菜，而是有七大碗八大碟讲究的菜系，粉蒸肉、回锅肉、炒猪肝、酸菜滑肉面块……乡亲们围坐在一起吃一场豪华"流水席"。热闹的乡场，吸引了不少城里人垂涎而去，为的就是这一口新鲜的年猪肉。

炖大肉，是富足与幸福的延续

"二十六，炖大肉。"不是囿于川渝两地的风俗，而是一场风靡全国的大事。大肉是什么？猪肉、羊肉还是牛肉？甚至还引起过争论。不过，基于古代中国的生产力水平和经济发展水平，以及中国先民食牛羊肉历史来看，可以确定，"大肉"即猪肉。"大肉"，并非形容体积庞大，而是在描述数量之多。过去，在年前的这一日大口吃肉，对于辛苦了一年的人们而言，是无上的幸福。

"腊月二十六，杀猪割年肉"。过年要用到的大肉，要在这一天里悉数备下。在经济不发达的农耕时代，吃肉就意味着过年，过年了自然要吃肉。条件稍好点的人家，会杀一头乃至数头自家养了一年的猪；养不起猪的人家，也会到集市上去买点猪肉。

过年了，吃肉，不仅是慰藉自己的胃，更是富足、幸福的象征，甚至它的文化寓意超过了象征"年年有余"的鱼。这或许是因为，有粮食吃，有肉吃，年年有今日，岁岁有今朝，这便是中国人内心深处最大的幸福和富足！

苏东坡与红烧肉

虽然说杀年猪是农村人的专属狂欢，但城里人困于一方厨房小天地，也是要想方设法在这场"肉糜盛宴"中突出重围的。虽然他们素日里见惯了大鱼大肉、山珍海味，无论是城市中心的高级美宴，还是街头巷尾的接地气美食，都能如数家珍。但到了这一天，人人都加快了回家的脚步，那最朴实的肉香味，才是舌尖与心底最真实的呼唤。

腊月二十六的城市家庭餐桌，自然不会如乡下那般"阔绰"。但有一道菜是不会被落下的，这就是红烧肉。红烧肉被认为是

"年肉"的标准代表。因为猪肉本身就代表了幸福、富足；而红烧肉的色泽亮眼，看上去就是红红火火的象征。再若论到口感，更是不居其他肉菜之下。

这么一道"上得厅堂，入得胃囊"的好菜，与一位大文豪有一段不得不说的故事。

这位大文豪，也是中国历史上著名的美食家——苏东坡。1079年乌台诗案后，苏东坡被贬黄州。当他来到这偏僻之地，身无分文，一大家子人的吃饭问题亟待解决。北宋经济发达，全国上下的有钱人已经盛行吃羊肉。但羊肉价高，遭贬斥的苏东坡经济不宽裕吃不起羊肉，于是便想到了价格低廉的猪肉。当时的人既不怎么爱吃猪肉，更不知道如何将猪肉做得好吃。但在一个顶级吃货看来，这都不是事儿。他将猪肉洗净入锅，放水淹没肉块，文火慢炖，直到肉烂成糜，散发出自然的肉香。他甚至还写了一首《猪肉颂》的打油诗："洗净铛，少着水，柴头罨烟焰不起。待他自熟莫催他，火候足时他自美。黄州好猪肉，价贱如泥土。贵者不肯食，贫者不解煮。早晨起来打两碗，饱得自家君莫管。"

可以说，黄州的猪肉解了东坡的燃眉之急，而后来他调去杭州任知府，不仅将东坡肉送上神坛，自己也收获了"天下第一吃货"的美名。这一道大名鼎鼎的东坡肉，就是红烧肉的雏形。

一块块方墩儿状的肉块，加上调味酱和料酒，看上去红润诱人。咬一口肉汁四溢，入口即化，可谓见功夫、见深浅。

炖肉不可心急，就像过日子一样，也是要在天长日久中慢慢加温。炖肉虽然简单，却饱含了细碎的功夫和温馨的祝福。对生活的体悟，对年节的期盼，对心境的打磨，都融入这一道菜品中。

小火煨好肉，日久见人心。猪肉早已炖烂，红烧更为过瘾。回家吃饭！

洗福禄、置年货

除了炖大肉，腊月二十六还是一个浆洗的日子。这在民谚里也有反映："腊月二十六，里外洗一洗""腊月二十六，洗净禽畜屋"。因此，这一日也有"洗福禄"之说。人们相信，在这一日可以洗去旧气，迎来喜气；冲去霉运，迎来好运。这样的说法不知就里，但在过去，这一日杀年猪、烧柴煮猪肉，身上少不了柴火味和生肉味。于是，安排在这一日洗浴，也是自然而然的事情。也有一些地方会将这次"大洗"延后，比如老北京就有"二十七洗疚疾，二十八洗邋遢"的谚语。

还有的地方的人要在这一日置办年货。人们从四面八方而来，将烟、酒、鱼肉、礼品等年货欣喜地提回家。不过，这一项习俗一般还是在腊月二十七进行。

"有钱没钱，回家过年。"是年关时中国人最喜欢的调侃。腊月二十六，有肉，有年货，有福禄，这就是我们心中的年了。

腊月二十七：

年鸡年鸡年年吉

"今晚吃鸡,大吉大利。"是时下最流行的网络语言。这句话稍微改一下大可以用到腊月二十七,"今天杀鸡,大吉大利。"

老话说,初一到初五不能炒菜。于是,家家户户要赶在腊月二十八前将年饭准备妥当。这不,昨天刚杀了年猪,今天又要杀年鸡。中国人就是要把一切最好的都留待过年。

腊月二十七,应该是"史上最忙的一天"。因为除了要杀鸡,还要去赶集。有些地方还把腊月二十六的"洗福禄"也挪到这一天进行。

对不起了,大公鸡

杀鸡、炖鸡,是腊月二十七的整套流程。首先,我们要选一只鸡。这只鸡,按照规矩,必得是公鸡。这是什么讲究呢?

有人说，公鸡本来是天上的吉神，在中国古典四大名著《西游记》中，就有一位公鸡神仙——昴日星官。上至白发老人，下到黄口孺子，都对这个角色了然于心。琵琶洞的蝎子精对唐僧虎视眈眈，色眼迷离，孙悟空无计可施，只得去天庭找这位鸡神求救。公鸡乃蝎子的克星，当昴日星官威风凛凛地站在坡上对着蝎子精啼叫，蝎子精瞬间"浑身酥软，死在坡前"。

不知道下凡到人间的公鸡是不是就是当年的昴日星官？应该至少也能攀扯上一点关系吧！不过，他们可没在天上时那般逍遥了。这些奉玉帝之命离开仙界的公鸡，到了地上，可是一群"上早班"的鸡。俗话说，"三更灯火五更鸡"，也就是说，凌晨3点到5点，鸡就开始工作了！人们体谅公鸡的辛苦，决定以特殊的方式给它放个假——在腊月二十七这天宰杀它，好让它得以升天，继续回天庭当官。

这样的一个故事，与其说是在安慰公鸡，不如说是在安慰人们宰杀公鸡的内疚之情。

如此看来，公鸡上案板，是板上钉钉的事情了。再加上公鸡俗称"大鸡"，亦有"大吉"的谐音，于是，人们便磨刀霍霍向公鸡了！

整只鸡，中看不中吃？

小时候，见大人杀鸡，总是躲得远远的。直到杀鸡结束，

才凑上去问大人,今天的鸡怎么吃?大人们总是打趣我们说,等着吧,不到年三十儿吃不上呢!

那个时候,总觉得大人们小气,一只鸡也要排到过年才能吃上。即便年三十儿端上桌了,也不能大快朵颐,稍微挑多点就会被大人笑着用筷子头打手喝住:"这个不好吃,小馋猫,吃别的吃别的"……这么好看的一只大公鸡竟然会不好吃?许多年后才知道,年少懵懂的我竟被大人们骗了很多年……

腊月二十七宰的鸡的确是要挨到大年三十儿才能被端上桌的。家家户户都会选最好看的一只盘子来盛它,它也会占据餐桌上绝对的C位。虽然被拔了毛,但由于摆盘的修饰,看上去依然是那么骄傲。

但是,这样一道诱人的美味却是只能看不能吃。若你想把这只鸡撕破,可是要引起"公愤"的。毕竟,这样一只有着神圣寓意的鸡是不能轻易走下神坛的。于是,这只鸡要从年三十儿晚上端到大年初一,这叫作"把大吉大利留到来年";初一上桌后,这只鸡也只是象征性地被吃掉几口,而后,它还会被继续端上年初二,甚至年初三、初四的餐桌。据说,端得越久,这吉祥的寓意也就被放得越大。

咽了好几天的口水之后,如果这只鸡还没有坏掉,那么恭喜你,终于可以好好品尝了!把满满的好兆头吃进肚里,这大概就是俗话说的"好饭不怕晚"吧!

春节集市,想买的赶紧下手了!

如今,人们工作繁忙,腊月二十七未必还会像往常一样宰一只公鸡留待过年,但还有一件事情,你一定爱做也会做,那就是——赶大集!

集市,曾经活跃在我们的生活中,又一度从我们的生活中消失。如今,各种各样的文化集市又重新出现在我们眼前,让人们从繁忙的工作中抽离出来,得到一夕闲在的滋养。这其中,春节集市便占据了华丽的篇章。

集市,是农村和小镇流行的一种贸易形态。集市出现得很早,在古代被称为"墟市""集墟"。每当赶集的日子,总是人头攒动、接踵摩肩。各种各样稀奇古怪的玩意儿都会拿到集市上卖,你也可以在集市上捡到一些大便宜。

上世纪90年代的春节集市还十分传统和接地气。大人们总会放下工作,背上一个大背篓,带上孩子去赶集。集市上可热闹了!除了各种年节的肉类和菜品、瓜子、花生、糖果、水果……最吸引孩子们的,自然是各种花色的鞭炮和玩具。在这一天,父母们也都格外大方,只要条件允许,总会满足"好奇宝宝"们的要求。很快,背篓里就被塞满了!当然,这可不是儿童节,大人们也是会挑选春节货物的。必选的有:春联、香烛、纸钱(过年祭拜先祖),讲究的家庭还会采购一些年宵花卉,甚至还有彩灯等。

在过去,这一天的集市是一年中最热闹的、最拥挤的。眼见着过年了,大家趁着这一天,赶紧把年货置办周全。小孩子们也要趁着这一天把想要的都买到,因为过了这个"村"又要等一年了!

如今,春节集市已不再拘泥在腊月二十七。很多地方的集市从进入腊月就开始,一直摆到正月十五。集市里卖的东西也有了一些变化:有汇集了各地春节美食为主题的饕餮集市,有各种手工艺品为特色的文艺集市,也有以传统文化为主题的书画集市。无论集市的形式如何变化,人们以春节之名,围聚在

一起的心情是不变的。

春节总是热闹的，这热闹，有一半就在这集市的烟火气中，在人们谈笑欢语的买卖中，也在人们捏着辛苦了一年的丰厚犒赏，换成年货的欣喜中。

腊月二十八：

馍白糕糯事事发

经过前两日的忙碌，春节期间的大菜已经准备妥当。到了腊月二十八，自然轮到筹备主食了。中国人的生活，离不开米、面。馍（也称馒头），这种长期占据中国人餐桌的食物，到了春节也是少不得的。中国人喜欢吃馒头，回味甘甜，有嚼头，就像平凡的日子，越嚼越有味道。山西人在这一天要蒸"糕儿馍馍两筐箩"，河北人要"蒸枣花"，河南人要"蒸馍炸圪塔"，山东人要蒸花饽饽，而北京人却要慢半拍，一般到了腊月二十八才开始发面，二十九才会蒸馒头。在南方，临近除夕，年糕也该备上了。打年糕，不仅仅是为一道年俗吃食，其制作过程更是亲朋好友的一次交流。蒸糯米、打糯米、做年糕，亲朋好友、街坊邻居齐上阵。俨然一场春节前夕小型聚会。

"腊月二十八，打糕蒸馍贴花花"，念着念着，年就更近了。

发面蒸馒头,考的是功夫

初一至初五,凡是跟蒸、炒、炸、烙相关的炊事都要停下来。因为,蒸与争谐音,炒与吵谐音,炸(zhá)与炸(zhà)近音,烙与落谐音,这些均属于不吉利之事,一定要避开来。于是,蒸馒头就必得提前进行了。试想想,要蒸上一大家子人过年期间的馒头,那可是一件大工程啊!

首先,发面就是一项技术活。如今,想要吃馒头了,超市里随时都可以买到,有几个年轻人还会发面呢?在过去,并没有速效发酵粉,想要发好面,是天长日久积累下来的功夫,是生活点滴的累积,也是体力与心力的双重考验。

过年了,最讲究自己发面做馒头,若是想偷懒去超市图个方面,还是要差点意思的。

如果说发面是一项"功夫在诗外"的活儿,那么,做馒头,尤其是做春节的馒头则是一场"一眼就能较个高下"的比拼。

春节款花馍,好看是最重要的

要问蒸馍哪家强?山东胶东找大娘。

在春节款馍馍中拔得头筹的,要数山东胶东地区大娘们的手艺。在那里,流行蒸一种叫饽饽(也叫作花馍)的食品。胶东的饽饽,只需看上一眼,就不得不赞叹其手艺之精巧,造型

之精美,脑洞之巨大……令其他地方的比拼者啧啧叹服。而今,胶东大花饽饽在烟台农村依然盛行。2009年,这一习俗还被列入山东省级非物质文化遗产名录。

若是春节前夕走进胶东农家,便能亲眼看见巧妇们做出的满桌的花饽饽。最常见的,是寓意吉祥的花鸟虫鱼、飞禽走兽,它们个个栩栩如生,活灵活现。最厉害的是,这些花饽饽竟然都没有图样参考,全靠一辈辈人心手相传。时下,新一代的花饽饽巧匠们与时俱进,小孩子们喜欢的喜羊羊、灰太狼等卡通形象也被融入了造型选材中,圈粉不少。

花饽饽是一种富含民俗风情的造型艺术,有的可以食用,有的则是纯粹的工艺性"面塑"。那些好看的花饽饽,不必担心吃掉太多色素,因为它们的色彩都是用新鲜瓜蔬汁调和而成。

具有浓郁乡土气息的花馍馍生动传神,不仅是中国民间艺术的一朵奇葩,更是人们迎接春节的喜庆写照。

吃年糕,年年高

"摇啊摇,摇到外婆桥,外婆请我吃年糕,吃一包,拿一包,吃了年糕年年高。"当山东花馍飘香的时候,浙江的年糕也在院外的竹筛子上晾晒好了。

打年糕,是南方地区,特别是浙江农村地区腊月二十八的习俗。天刚蒙蒙亮,需要打年糕的人家就已经将米粮拖到年糕加工店,准备打年糕了。在过去,家家户户都是可以自己打年糕的。而今,因为青壮年劳动力大多外出务工,而打年糕又是一项体力活,所以很多人家才将这项活交给专门的加工店来做。

大木锤子高高举起,"咚"的一声砸在粉团上;再抡起来,又砸下,如此往复,直到石臼里的粉胚圆滑紧致。这时候,再把粉坯子揪下来,塞进抹上了黄蜡油的模具里,使劲压上一压,规整的年糕就算成功出炉了。

"这是李家的,这是孙家的,这是陈家的……"老板高声吆喝着,一筐筐年糕说话间便进了各家的箩筐。年糕用黏米面或粟米面做成,有的还加上了大枣或者豆子,好吃不粘牙,深受老老小小的欢迎。再加上年糕天生的"好口彩"(吃年糕,年年高),自然就成了过年期间走亲访友,拜年贺岁的节令美食。

新打的年糕，还没端上餐桌，首先便用来祭祀先祖。"这是今年新打的年糕，用的都是最好的米面，请祖宗们先尝。更请祖宗们保佑来年风调雨顺，咱家又能丰收。"二十八打的年糕，往往可以吃到来年的四五月。因此，不仅过年的时候可以用来祭祀、食用，甚至到了清明时期还可以取出来继续用。

小孩吃年糕，快快长高高；大人吃年糕，年年步步高；老人吃年糕，得以福寿高。腊月二十八，年糕这一打，打的人热血沸腾，看的人也心潮澎湃。身子暖了，心自然也就热乎了！

写下吉祥好兆头

这一天，人们蒸出了幸福的味道，不过还有一件重要的事情要做，那就是写春联。在过去，叫作"题写桃符"。

"爆竹声中一岁除，春风送暖入屠苏。千门万户曈曈日，总把新桃换旧符。"这首大家耳熟能详的《元日》出自北宋文学家、政治家王安石之手。从这首诗中可以看到，宋朝依然流行在春节挂写有联语的桃符。

桃符，时至今日依然可以见到。每年春节，市面上会推出一些可随身携带的桃木制成

的小方块,上面一般题有吉利的话语,或是辟邪的图案。这就是古时桃符的现代化演绎。在过去,桃符一般是挂在大门上的两块画着门神或写着门神名字,专用于避邪的桃木板,相当于门神像。最初,桃符刻的是"神荼""郁垒"二神的名字。在中国人的传统观念中,桃木是一种神奇的树木,具有驱鬼压邪的作用。在西汉时期的《典术》中记载:"桃者,五木之精也,故压伏邪气者也。"

  第一个题写桃符的人,是五代后蜀之主孟昶。孟昶是个颇具文艺范儿的君主,他爱好花草,喜欢美人,也喜好文学。"新年纳余庆,嘉节号长春",这一副由他题写在桃符上的联语,被后世推崇为春联之鼻祖。随着造纸术的改良,红纸渐渐替代了桃木,春联也就蔚然成风了。

  如今,到了腊月二十八,家里的老人还恪守着题写春联的传统,"人人福寿长春,事事吉祥如意。"这样的春联,多么提精神气儿啊!你要不要也试试?

"二十八,贴花花",要贴哪些花呢?无非就是年画、春联、窗花等。过去的人,喜欢贴年画。年画上的胖娃娃个个长相可爱,憨态可掬,让人十分爱怜。如今,贴年画的倒是见得少了,窗花还在发扬光大。过去的窗花一般是寓意"福禄寿喜"的图案或者良言,也有请来各路神仙的含义。如今的窗花则不拘一格,形式多样。春节,不仅要团团圆圆,也要嘻嘻哈哈呀!

至于春联,有人选择在这一天贴,更多人选择在年三十贴。从前有个说法,将立春、立夏、立秋、立冬日的前一日叫作"绝日",若是哪个年份的腊月三十正好撞上立春,那么立春和腊月二十九都是不适合贴春联的。于是,腊月二十八就理所当然地成为贴春联的好日子。现在的人倒没有这么多讲究,只是沿袭旧俗,更多人还是习惯于在年三十贴春联。

因为坚守着世代相传的年文化,年味才得以沿袭和传承。腊月二十八这一天,我们蒸出了年的味道,贴上了幸福的标签,这就叫过年吧!

腊月二十九：
走亲访友有好酒

终于到了腊月二十九，过了这一日，就是万众期待的除夕。因而，这一日，也被称为"小除夕"。

在这一天，家家户户都会置办一桌酒席，以款待登门拜年别岁的亲朋好友。在过去，人们还会焚香于户外，这种香要点上三天，称为"天香"。

从这一天开始，老理儿也越来越多。比如，天大的事儿也不要发生争吵，也不要轻易动剪子等尖锐之物，更不能说不吉利的话……这些旧俗虽没有科学依据，却是人们期盼迎来一个和美顺遂新年的真实映照。

请祖过年、打酒访友，这一切，都凝聚了春节的人情味。

上坟、请祖、上大供

上坟祭祖，对于现在的孩子来说，似乎有点陌生。在过去，上坟请祖上大供，是腊月二十九的头等大事。

中国人敬老、爱老、尊崇孝道。正因为如此，上坟、请祖才得以成为纪念先祖最重要的仪式。早在汉代，这项祭祖仪式就已经被记载入册，汉代崔寔的《四民月令》有曰："正月之朔是为正月，躬率妻孥，洁祀祖祢。及祀日，进酒降神毕，乃室家尊卑，无大无小，以次列于先祖之前，子妇曾孙各上椒酒于家长，称觞举寿，欣欣如也。"

陆游的《示儿》中写道："王师北定中原日，家祭无忘告乃翁。"家祭，不仅是对祖先的告慰，也寄托了后人对先人的思念与感恩。在过去，春节的请祖仪式一般在腊月二十九的清晨进行，有的地方也会在黄昏时分，也有在除夕甚至正月初一进行的。

至于仪式该怎么做？各家有各家的法子，心到神知。

古时祭祖的仪式做得很足，有到野外瞻拜祖坟的，或到祠堂祭拜先祖的，最通俗的，则是在吃团年饭之前，将祖先牌位依次摆在家中正厅，再以好菜、好酒做供品，而后，家中人依长幼顺序上香祭拜。

"杀鸡，宰鹅，买猪肉，用心细细地洗，女人的臂膊都在水里浸得通红，有的还戴着绞丝银镯子。"鲁迅先生在小说《祝福》

里用简简单单几句话，勾勒出祭祖的隆重氛围。

如今，生活在城市中的人已少有再依循这样的旧俗的。但仍然记得小时候，只要摆上年饭，母亲总是会念着先人的名，恭敬地点一炷香，摆上碗筷，斟满酒。香未燃过时，是不准我们上桌吃饭的。

请先人们回家吃饭，这才是过年！

蒸出好意大馒头

所谓"民以食为天"，腊月二十九的开门大事，依然离不开吃。前一天，有人已经吃上了新蒸的馒头，而在北京、天津以及很多的南方地区，要到二十九这天，才开始蒸馒头。

中国人最喜欢在日常吃食上玩出一番花样。素日里已经吃惯的馒头，要如何才能登上春节餐桌？又如何在这样的"大场面"中脱颖而出呢？首先，我们需要在馒头的外形上一招制胜。

老北京、天津人的方法最是取巧，在蒸好的馒头上点5个红点，这也是最常见的春节款馒头。这些个红点其实一点也不新奇，将5根高粱秆儿捆在一起，蘸上被水浸湿了的红纸，点到馒头上，取"鸿运当头"之意。

老北京人还喜欢做各种小动物状的馒头，想必一定能讨得孩子们的欢心。另外，也会做一些具有吉祥寓意形状的馒头。比如，做一个佛手形的，象征"福"；做一摞桃形的，寓意"寿"；那些逼真的核桃馒头告诉你，生活要和和美美；柿子馒头则代表事事如意；而面鱼，当然是象征吉庆有余了！

　　既要做到秀外，也要做到慧中。说完了造型，我们再来说说口味。过节，一定是甜蜜的，因此，我们要给春节的馒头加点内核。比如，加一些枣泥馅儿的，叫枣糕，取"步步登高"的寓意；也有做年糕的，代表"年年高"的好兆头；还有加上豆沙馅儿的小豆包等。这蒸法也是有讲究的。在过去，这一天不要随便去串人家门，尤其是在饽饽上锅蒸的时候。若是不小心撞上了，一定要给人家的炉灶添把柴火，意思是添些财。若是火候掌握不到位，导致蒸出的馒头或饽饽开了口，那一定要说，"馒头笑了！"

　　瞧吧！多少的好意头都蕴藏在这简单质朴的食物中了。

　　二十八、二十九，蒸出了喜悦，蒸出了希望，更蒸出了蒸蒸日上的生活。

置酒席，先打酒

　　你说蒸馒头过于单调了，还能干什么？当然是置办酒席啊！从这一天开始，人们要走街串巷，往来拜访，尤其是这一天还被称为"别岁"。客人来了，没有好酒怎么行呢？中国酒文化博大精深，自汉代始，春节饮酒就蔚然成风。所谓"无酒不成席""无酒不成年"，过年了，喝一杯吧！

有句民谚："腊月二十九，提瓶去打酒。"过去，酒一般是打来的。因为过去物资比较贫乏，生活条件远不如现在。对于普通老百姓来说，买瓶装酒可望而不可即，只能拿上家里的旧瓶子或者小缸子去酒家那里打酒。那里的酒，一般是陈放在一个大容器里的，价格自然便宜不少。

现在的人们，过年要喝白酒、红酒、啤酒，那在过去呢？汉代过年，人们要喝一种名为椒柏的酒，这是一种用椒花和柏叶浸泡的"养身酒"；魏晋时期，人们流行饮屠苏酒；唐朝人生性豪放，鲜衣怒马、美酒美姬才是他们"向往的生活。"任何重大节气，任何重要场合都少不得酒的助兴；宋朝人也爱喝屠苏酒，要不怎么说：春风送暖入屠苏呢？

到了元、明两代，喝酒伴随着娱乐节目，乐哉乐哉；清代，酒开始被赋予社交功能。过年时，人们提着好酒登门拜年，这样的风俗时至今日也是常见的。

酒斟满，又一年。

举杯别岁，话不多说，好日子都在酒里了！

除夕：
岁岁平安好福气

"三百六十五个夜晚，最甜最美的是除夕。风里飘着香，雪里裹着蜜，春联写满吉祥，酒杯盛满富裕。红灯照，照出全家福，红烛摇摇摇，摇来好消息。亲情乡情，甜醉了中华儿女，一声声祝福，送给你万事如意。"

这是一首一直留存在记忆里的歌曲，用最朴实的话语道出了普天下中华儿女最期盼的甜蜜日子——除夕。从这首简单的歌词中可以细数出除夕的标签：雪花、春联、美酒、红灯笼、红烛、祝福……

瑞雪降，兆吉祥；平安符，映满堂；中国红，最思乡。

除夕最团年。

除灾才能得祥

"过年啦！过年啦！"除夕之夜，小孩、大人的欢笑声不绝于耳。辞旧迎新，欢愉在今夕。孩子们拉着大人们去院中放鞭炮，主妇们在厨房里忙前忙后，老人们围在一起拉家常。人们都穿着红色的新衣，家里极尽喜庆的装饰，让人看上去就高兴。

腊月三十为何是除夕？因着是腊月的最后一个晚上，与春节（正月初一）首尾相连。"除"即"去、交替"之意，"除夕"意味着旧岁将去，新岁将至。这一年，好的、不好的，所有的一切都将翻篇。于是，我们在这一晚怀念过往，展望未来，斩断过去的遗憾和失落，抱着美好的祝愿与期许，一起迈向新的一年。

犹记得小时候，到了除夕这日，即便身上有点不痛快，大人们也是不让吃药的。甚至还会将家里的一些药品故意扔出去，念叨着"百病都散，健康常来"之类的话。那个时候总觉得有一些好笑。大人们却总是说："老传统不能丢。"

这到底是什么老传统？早在周、秦时期，每逢除夕，就有驱傩的仪式，即击鼓驱逐疫疠之鬼。在古人看来，人们之所以遭受病痛、不幸，都是因为有疫鬼作祟。因而，在岁末这一日，要进行"大除"，而除夕前一日为"小除"。

在今人看来，傩文化神神秘秘。其实，这是一种包含了古人原始自然崇拜和宗教崇拜，融合了多种民俗和艺术形式的文化形态。人们希望借助傩仪、傩俗、傩歌、傩舞、傩戏、傩艺等项目，除灾祈祥；希望新的一年风调雨顺、五谷丰登、国泰民安。

驱傩的人，装扮都十分夸张。宋代孟元老所著的《东京梦华录》中记载，"除夕日，宫中有大傩仪：诸班直戴假面，绣画色衣，执金枪龙旗。教坊使身材魁伟，贯全副金镀铜甲，装将军；镇殿将军二人，穿戴介胄，装门神；再选丑恶魁肥者，装判官；还有装扮钟馗、小妹、土地、灶神者，共千余人。自禁中驱祟，出南薰门外转龙弯，谓之埋祟而罢。"这样的装扮大概"鬼见了都愁"吧！在遥远的几百年前，人们通过这样的方式求一个心安。但在除夕这个特别的日子，给自己一点向好的心理暗示，又有何妨呢？

年与中国红

时代不断发展，总有一些旧俗在历史的潮流中湮没，总有一些习惯在人们的生活中变得面目全非，但有一样总是没变的，甚至被人们演绎得越来越有趣，这就是：过年就要红！

过年前夕，大街小巷总是披红挂彩，商场里点缀上了红色的元素，电视广告也换上了红色的新年款，甚至一些零食包装、饮料瓶子也会应景地贴上红色新年装。红色，是最喜庆的颜色；红色，是属于中国的颜色；红色，更是过年的专属色。

过年了，穿红、戴红，被人们视为"福气"的象征，沾沾红色的喜气，日子一定红红火火。可现在的人们大概没有料到，最初，红色竟然是为了抵御恶兽！

传说，古时候有一只四角四足的恶兽，名为夕（也作祟）。岁末的时候，总是大雪封山，夕饥饿难耐，便到附近的村庄寻找食物。据说，夕脾气异常暴躁，身形也十分庞大，它一来，周围的村民就要遭殃。每逢腊月末，人们不得不收拾衣物，到附近的竹林里躲避夕。

有一年，人们又出门避难。在奔逃的路上，有一个七八岁的孩子饿倒在路旁。一位好心的婆婆将他救醒，并要带他一起上山躲避夕。孩子想了想，却告诉大家，砍一些竹节，全村人都可以回家！回到村里后，孩子又告诉大家，各家都准备一块红布，挂在门口。这样，夕就不会来了！

入夜之后，人们因为害怕，不敢睡觉，纷纷来到村中空地上，烧火取暖。子夜时分，传来熟悉的巨吼声，夕又来了！人们十分害怕，缩成一团。此时，这个孩子又站了出来，告诉大家"我去把它引来，大家往火堆里扔我们守了一夜的碎竹节！"

孩子朝着夕大声喊道："我要给你一点厉害瞧瞧！"夕循声而来，见到家家户户门上都有红条，真的吓得没敢进去；这时，人们依照孩子的说法，纷纷往火堆里投竹节。因为竹节是刚砍

下不久的，还带有湿漉漉的潮气，遇到火炸得噼里啪啦的！夕听到这响动，竟然吓得掉头就跑，此时，天也快亮了。这一天，刚好是正月初一。村子保住了，人们为了纪念这个孩子，给他取名叫"年"。从此，一种说法流传了下来：除去了夕，才能过好年。

以后的每年腊月三十，人人都要挂上红布条，守着碎竹节。只是，夕再也没来过，这年俗却传承了下来，渐渐地，这爆竹和红色，成了我们离不开的年味儿。

礼多人不怪

除夕，是个世俗的节日，自古以来，过年这事就没有阶级门槛之分别，人人都要过年，家家都在盼除夕。

"暮景斜芳殿，年华丽绮宫。寒辞去冬雪，暖带入春风。阶馥舒梅素，盘花卷烛红。共欢新故岁，迎送一宵中。"这是唐太宗李世民在《守岁》中描写的除夕。

"欲知垂尽岁，有似赴壑蛇。修鳞半已没，去意谁能遮。况欲系其尾，虽勤知奈何。儿童强不睡，相守夜欢哗。晨鸡且勿唱，更鼓畏添挝。坐久灯烬落，起看北斗斜。明年岂无年，心事恐蹉跎。努力尽今夕，少年犹可夸。"这是宋代苏轼在《守岁》中描写的除夕。

除夕这一日，礼多人不怪，极尽仪式感。有对先人的怀念，到祖上的坟前祭祖的；有挂上象征团圆意义的红灯笼，贴福字、贴门神、贴春联的；有体现长辈对晚辈的关爱，派发压岁钱的。这一项仪式也是小孩子们最为期盼的。直到现在，还流行着关于压岁钱的童谣，譬如"不给红包、打成熊猫"之类，而除夕之夜，最为隆重热闹。

家家户户的年夜饭已经准备妥当，一大家子人围坐在一起，觥筹交错，互道祝福，从掌灯时分吃到深夜，一口饺子、一口屠苏酒，不眠不休。在过去，还会置办一张供桌，叫作天地桌。这是一年一度的神佛大酬劳。礼毕，兴致正浓，就到庭院里放几只爆竹，那声响，亦是彻夜不灭，凌晨12时最为喧闹，是为高潮。之后，再端上几盘糕点瓜果，有枣、柿饼、杏仁、长生果等，边吃边聊，好不畅快。

从守祟到守岁

所有这些加在一起，就是"守岁"。除夕夜家家户户灯火通明，全家人围炉夜话，直到天色发白，新的一年来到身边。

这样的风俗自晋朝就有记载，西晋周处所编的《风土记》说：大家终夜不眠，以待天明，称曰"守岁"。

有一种说法是，从前有一个身手不凡的小妖，名"祟"，每逢年三十出来摸熟睡孩子的头,孩子便会大哭,发烧,甚至呓语,最后变成傻子。大人们都害怕"祟"来作怪,只好整夜点灯,陪着孩子,这叫作"守祟"。后来,因"岁"与"祟"谐音,也就渐渐有了"守岁"的说法。

守岁的意义何在?苏轼说:"明年岂无年,心事恐蹉跎;努力尽今夕,少年犹可夸!"惜别过去的时光,抓紧未来的岁月。在这新旧交替的时刻,年长者辞别旧岁,意取珍惜光阴;"一夜连双岁,五更分二年",让年少的人守岁,也有让他们明白光阴易逝,应多陪伴父母、长辈,为他们祈福。

守岁,有珍爱生命之意,有对过去的总结,更有对未来的展望。守岁,是人们对除夕最走心的告白;而除夕,又是整个春节长假中最为浓重、最为暖心的一笔。辞旧迎新、一元复始、万象更新,这一年一次的狂欢,让所有人都倾情投入,忘乎所以。

三十晚上熬一宿。欢聚酣饮、共享天伦。劝君今夕不须眠,愿新年,胜旧年,这才是除夕,这就是除夕。

正月初一：

开门拜年人欢喜

除夕凌晨的钟声一敲响，新的一年翻开了篇章。

过去已经过去，未来已经到来。

至此，一元复始，万象更新，旭日东升，事事如意。

正月初一为鸡日

直到如今，洛阳人依然有过年买绘有鸡形象的年画来张贴的习俗，无论这一年是否为鸡年。鸡，在洛阳人，乃至中国人心中的地位都是崇高的。以至于正月初一，也被定为"鸡日。"

汉人东方朔有一部《占书》写道："岁正月一日占鸡，二日占狗，三日占猪，四日占羊，五日占牛，六日占马，七日占人。"也就是现在我们所说的正月初一为鸡日，二日为狗日，三日为猪日，四日为羊日，五日为牛日，六日为马日，七日才为人日。

这样的排序中，先是六畜，而后是人。六畜的排名有前后，这也是有说法的。一种说法是，这是按照人类驯六畜的顺序来排列的。古人认为，鸡最先被驯化，而后是狗，以此类推。另一种说法是，六畜与人的关系，鸡最为密切，可以养在内院中；而牛、马最远，在屋外的牛圈和马厩中，故而鸡排首，马为末。人为高等级动物，从进化论的意义上来说，排在最后一日也算合乎规律。这一点，跟中国古代传说女娲造人也有关系。据说，女娲在七日内各创造了一种生物，初一的时候创造了鸡、初二创造了狗，一直到初七才创造了人。因而，从鸡日到人日的排列也是延续了女娲造人造物的顺序。

不管怎样，鸡鸣是日出，天亮有光明。鸡总是驱散黑暗，给人带来希望。再加上鸡与"吉"谐音，这就更讨得人们的欢心了。新的一天如此，新的一年更是如此。先祖以鸡为开年，大概为的是求一个光明、美好之意吧！

古时，人们甚至还会"正旦画鸡于门，"也就是说，在门窗上画上鸡，以求驱魔辟邪。晋朝的《玄中记》中，提到度朔山有一只天鸡，每当太阳刚刚露出微茫，天鸡便破晓啼鸣。这只天鸡是天下鸡群之首，它一叫，全天下的鸡也就跟着叫起来。为了表达对这只天鸡的敬重，每逢过年，人们要画鸡，或是用纸样剪出一只天鸡。人们甚至认为，这只天鸡是重明鸟的变形。它能驱散妖魔鬼怪，将其贴于门窗上，便能辟邪。可见，天鸡是神鸟，即便是普通的鸡，也有"五德之禽"的美誉。汉代韩婴所作的《韩诗外传》有言："它头上有冠,是文德;足后有距能斗,是武德;敌在前敢拼,是勇德;有食物招呼同类,是仁德;守夜不失时,天明报晓,是信德。"这样"德才兼备"又富有吉祥深意的动物,不排第一又是何理?

每逢正月初一,我们画鸡,以红纸剪鸡,以求得吉祥。这样的风俗传承至今。最重要的是,鸡日,千万别杀鸡哦!

开门炮仗拜个年

正月初一的早晨,小孩子们总是老早就被大人们从床上拽起来。"老大初一的,不准赖床。"这是他们的口头禅。初一为始,这一天,话要拣好的说,事也要比着好的做。

为了环保和安全,如今很多城市在春节期间禁止燃放烟花爆竹。但在过去,初一一大早放鞭炮可是雷打不动的规矩。从前,人们并非住在高楼里,家家都有宽敞的院子。大清早一开门,先放爆竹,震耳欲聋的声音响彻天际,这叫"开门炮仗"。爆竹燃放完毕,落下满地的红色碎片,如朝霞般耀眼,这叫作"满堂红"。

这是屋门口的头等大事,那么屋内呢?在这一天,可不能动扫帚,更不能扫地。初一不要动扫帚,会把财气和运气都扫出门去。倒垃圾也是不可以的!另外,这一天的水也不能乱倒,老理儿说这样会招致破财。

新年大吉,老老少少换上新衣,喜庆洋洋地串门去。一项重要的习俗——拜年自然是少不得的。拜年由来已久,在古时,就有拜年和贺年之分:拜年是向长辈叩岁;贺年是平辈相互道贺。现在每逢年前,同事亲朋好友在一起欢聚春节,这叫作"团拜",也就是迎接新年的茶话会。团拜也不是现代社会的产物,自清朝起就有。清人艺兰主在《侧帽余谭》中说:"京师于岁首,例行团拜,以联年谊,以敦乡情",团拜这个新名词,由此进入春节的习俗。

古时候的拜年是有严格的顺序之分的:先拜天地,再拜祖宗,而后高堂,再是出门拜亲戚朋友。另有初一拜本家,初二拜岳家,初三拜亲戚的讲究,一直到正月十五都在拜晚年。

如今的人们拜年并没有如此严格依照旧俗,但一些老理儿还是少不了的,比如:见到长辈,自然要道一声"新年大吉,长命百岁";见到亲朋好友,乡里乡亲,自然会奉上"恭喜发财、四季平安"这样的吉祥话;见到小孩子,不忘摸摸他们的头,塞上一个红包,祝福他们"健康成长、快快乐乐"……

贺年卡、短信、微信,生活改变了我们的祝福方式

小小贺年卡,尽述新春浓意。

这样一种文艺的、柔情的贺年方式源自宋朝。宋人周辉在《清波杂志》中说:"宋元祐年间,新年贺节,往往使用佣仆持

名刺代往。"士大夫交友甚广，不能一一亲自登门拜年，于是，以梅花笺裁制成卡片状，上书受贺人姓名、住址、恭贺话语等，令仆人上门投递。仆人就像邮差一样，挨家挨户上门，将主人的"飞贴"放置各家门前的接福红袋里。

到了清朝，这习俗依然盛行。清人《燕台月令》说道："是月也，片子飞，空车走。"从互送飞贴到赠送贺年卡，这样一种联络情感的方式至今为人所用。

随着时代的发展，拜年也并非一定要走出家门。一条微信、短信，一个电话，尽可以传达心意。即使身隔万里之外，一个视频电话，也能纾解亲人的思念。科技的进步，的确大大改善了我们的沟通方式，但过去人人点头鞠躬、抱拳作揖的拜年方式却更有仪式感，让人感觉到人理人情是真实存在的，过去有多少磕磕碰碰，有多少互相帮扶，都尽相化解在一声祝福中，都铭记在彼此的一低头间。

吃剩饭，吃素斋

大年三十的饭是要留下一些到来年的。因此，正月初一首先要吃掉头一年的这些剩饭剩菜，这叫作"年年有余"。除此，这一天有的人家还坚持吃素斋。因为"斋"与"灾"谐音，吃斋意味着"吃灾"，也就是说，在新年第一天将灾难统统"消灭掉"，往后就尽是平安了！素斋可根据自家的喜好来做，多是用粉丝、冬菇、腐竹等食物烩一大锅,民间还有"年初一吃斋,胜过吃一年斋"的说法。

初一伊始,吃年糕意味着"节节高";吃饺子意味着"交好运";吃汤圆意味着"得元宝"。而饮酒,则是贯穿整个春节假期的一件大事。这样的习俗虽然古今有别,但古人与今人的心意却是相通的。

新的一年,终于在人们的期盼中降临。这一年,该怎么走,要怎么过,包含在人们的道贺声中,翻滚在这一桌餐食下,在此起彼伏的炮仗声中渐渐清晰了未来的路。

正月初二:

感恩父母家和睦

正月初二,是农历新年的第二日,也是传统意义上的"开年日"。旧时,这一天有回娘家、祭财神的习俗。

正月初二是狗日

"金狗旺财""犬吠福禄来",过了鸡日,今天迎来狗日,也就是女娲造狗的日子。

狗,是人类忠实的伙伴,它们忠诚护主、勇敢正直、看家护院,这是它们与生俱来的优秀品格。如今,人们习惯于称它们为"汪星人",可见人们对它们的宠爱。

在古人看来,狗是天生的瑞兽。远古时期,人们崇拜狗,是因为他们认为,狗可以预测吉凶,还有驱灾的神通。狗乃"至阳之畜",人们在狗的身上,寄托了"福、禄、寿、喜、财"的美好愿望。中国人给狗取名字，也喜欢取一些"富贵""旺财"之类的蕴藏好意的俗名。在正月初二这一日，我们更要殷切地唤它们"金畜""玉犬"。

这一天，我们更要对狗好一点。最重要的是禁止杀狗，否则既是对女娲的大不敬，也是侵犯了瑞兽，会招来霉运连连。古时，人们还要在这一日祭祀狗神。有一个说法是，开天辟地的盘古就是龙狗，因此，狗也被先祖奉为图腾之一。时至今日，这样的习俗已经失传，但人们也会给爱狗们换上大红的新衣。人过年，狗也过年，人畜都喜气，才是鼎盛兴旺的象征。

祭财神，来财运

"财神来到我家门，娃娃来点灯。"一到春节，商场里都应景地换上这首喜庆的歌。看吧，财神在中国多么受欢迎。正月初二这一天，家家户户都要祭财神，尤其是在北方（南方一般在正月初五迎财神）。旧时的老北京，这一天，富绅和大商号要举行重大的祭祀活动，祭品相当讲究：整猪、整羊、整鸡、整鸭，还有红色的鲤鱼，俗称"五大供"。祭祀活动结束后，人人要吃一碗馄饨，寓意为"元宝汤"。

财神是谁？一般认定为赵公明天师。赵公明，本为道教四大元帅之一，同时为阴间雷部将帅和五方瘟神之一。据说，他手下还掌管着四名与财富有关的小神，分别为招宝、纳珍、招

财和利市,因而,赵公明被奉为正财神。如今,我们还可在一些寺院的财神殿见到他:黑面浓髯、手中执鞭。聚宝盆、大元宝之类象征财富的华贵之物衬托着他,让人一眼就能认出来。

除赵公明外,还有多位财神掌管着财路,最著名的要数以范蠡、比干为代表的文财神;以关羽为代表的武财神。范蠡,是中国历史上的传奇人物。他是春秋末期楚国人,因不满楚国的腐朽统治,转而扶助越王勾践。公元前494年,越吴两国会稽之战,越国战败,史称"会稽之耻"。范蠡主动陪勾践夫妇去吴国做"奴仆"三年。勾践安全回国后,在范蠡和文种的全力辅佐下奋发图强,最终一举打败吴国。吴王夫差自刎,越国成就霸业,成就了"卧薪尝胆"这个成语。当时已63岁的范蠡清楚地知道,勾践是只能共患难,不能共享乐的主,选择急流勇退。离开之时,还劝好友文种:飞鸟尽,良弓藏;狡兔死,走狗烹。可文种不相信,最后落了个谋反的罪名,被勾践赐死。这也就是范蠡为我们贡献的另一个成语"鸟尽弓藏"。

当时,与范蠡一起离开的,据说还有中国四大美女之一的西施。二人携手而去,迁居杭州西湖。范蠡不只是政治家、军事家,还是一位经商奇才。他化名鸱夷子皮,辗转齐、宋等地,下海经商,主营渔业和贩盐,因擅于"薄利多销",很快就积累了巨额家产。但是,范蠡擅财却不爱财,坚持"财聚而不守",三次散尽家财,救济贫困。而且每次散尽家财之后,又很快赚到比以前还要多的财产。"忠以为国、智以保身、商以致富,成名天下。"后代许多生意人皆供奉他的塑像,尊之为财神。

比干,是我们都熟悉的封神榜中的一位大人物,他忠诚正直,却被妲己挖心。人们觉得,比干无心,所以行事公正、不偏倚,亦被奉为财神。关羽,三国时期蜀国大将,最重义气。商人通常重利忘义,人们尊崇他,亦是提醒自己经商、行事勿忘道义。

正月初二祭祀财神,讲究的人家还要厘清楚主次,比如,做文职工作的多祭文财神,希望有"偏财"的多祭武财神……如此说法众多。不过,到底又以赵公明最为神通广大,若实在不知该祭哪位财神,不妨就祭祀赵公明天师吧。

如今的人,并非家家户户都供奉财神。去寺院的财神庙,点上一炷香,默默祷告自己的心愿也就罢了。

新的一年,事业蒸蒸日上,人人恭喜发财。家财两旺,日子红火,这才是中国人的奔头。

年初二,回娘家

"身穿大红袄,头戴一枝花,胭脂和香粉她的脸上擦。左手一只鸡,右手一只鸭,背上还背着一个胖娃娃呀,咿呀咿呀哟……"

正月初二,小媳妇仔细打扮一番,提上礼物,带着娃娃,挎着女婿,高高兴兴地回娘家去!

古时,回娘家又称"归宁"。旧时有句话,"嫁出去的女儿,泼出去的水。"平日里,已婚的女儿是难得回趟娘家的。这一日,却是名正言顺的"女儿节"。

回家团聚,自然要到亲戚长辈那儿拜年。这手里少不了糖果、饼干、酒水之类的薄礼。一般来说,要先去舅舅家,再去伯伯家、叔叔家,而后去姑妈、姨妈家。

许久未见,自然有许多体己话要说,娘家人自是盛情款待,一家老小,其乐融融。老人最讲究儿孙绕膝,子孙满堂。忙碌了一年,停下来,听父母唠唠家常,以此报答父母的养育之恩,这是中国人奉行传承的孝文化。

初一饺子初二面

民间有谚:"初一的饺子初二的面"。正月初二,很多地方谓之"开年"。开年的餐桌自然也是丰盛又吉祥,鸡是少不了的;烧肉上桌,取"红皮赤壮",暗含"健健康康";生菜也要端上来,意味着这一年定要"生财"。

广东人习惯吃"发糕",他们说"开年吃发糕,财旺福又到!"云南人要吃饵块,山西人要吃除夕那日留下来的"隔年面"……总之,一方一俗,吃食不在乎名贵,更在乎意头。

正月初三：

老鼠娶亲人得闲

过年要说不累那是不可能的，走亲访友，礼尚往来，脚乏力口也干啊！好不容易到了正月初三，这一日是传统的猪日。恭喜你，终于可以像猪一样，好吃懒动，想睡就睡了！

正月初三是猪日

正月初三到，猪日来报道。经过了鸡日、狗日，今天，迎来了一头庞然大物——猪。

猪憨态可掬，肉质鲜美，在中国古典四大名著《西游记》里，二师兄猪八戒虽然好色、贪婪、懒惰，但却打得妖怪，全力维护师傅。猪的形象融入很多卡通角色中，可爱、招人喜欢，用时下流行的网络语言来说，可真是一位"可盐可甜"的角色担当。

事实上，中国古代一直视猪为吉祥物，否则，也不会有女娲在第三日就造猪的传说。"肥猪拱门""猪肥家润"……在过去，猪是家中不可或缺的一员。人们通常习惯把猪圈安置在离堂屋最近的地方，一日三餐，无不照顾细致。这才有了汉字"家"的由来：房盖之下就是豕（甲骨文字形，象猪形，长吻，大腹，四蹄，有尾）。

猪是中国农家最重要的伙伴。作为家畜，它安分守己、憨厚老实，丰富人们的餐桌，也给主人家带来财富。除了贪口腹之欲、爱睡懒睡之外，也着实找不出其他缺点。从另一个角度来讲，正因为猪爱吃能睡，才养成它们滚圆、肥厚、丰润的喜庆形象，才能给主人家带来更多利益。因此，在中国文化和中国人心里，一直视猪为"聚宝盆"。

谁家没有一两个存钱罐？而存钱罐最多的造型就是金猪模样。一来，猪肥头大耳、肚子圆滚，一看就知道能装下不少钱；二来，猪也确实浑身皆是宝——肉可食，皮可做革，毛鬃做刷子……再加上猪善生养，这又正好契合了古代人的生殖崇拜。总之，好养、多产、好吃、经济价值可观……这些都将猪推向了"六畜之首"的神坛。

猪，不仅为农家格外重视，甚至也是古代文人推崇的吉祥物。自唐代起，新科进士流行在雁塔题名，将此举视为莫大的荣耀。若有人日后做到了卿相，还要将姓

名改为朱笔书写。后来，凡家中有人赶考，人们就会做一碗红烧猪蹄践行，因"猪"与"朱"同音，"蹄"与"题"同音，意在祝福"朱笔题名。"看吧，猪也是可以走向"阳春白雪"的。

外表憨厚蠢笨，实则心胸宽广，猪的脾性是温驯的，它们心里大概从不藏事，不与外物针锋相对，也从不锋芒毕露。猪善隐忍，又能随遇而安。猪的个性里，饱含了中国人追求平淡圆满、一团和气的处事之道。

过春节，还真离不开猪。我们吃的饺子，大部分是猪肉馅儿的；我们吃的红烧肉，也是猪无私奉献的。

"小孩小孩你别哭，进了腊月就杀猪；小孩小孩你别馋，过了腊月就是年。"过年杀猪，这是千百年来中国人过年的传统习俗，但在正月初三这日，是绝对不能向猪动刀的。

将象征招财进宝的一对金猪摆件摆上，期待这一年，吉祥安泰，财源滚滚，人丁兴旺。

"一副憨态慢腾腾，喜怒哀乐不形神。仙卧不问尘间事，心宽赢得健康身。"

祝你，心宽、有福。

老鼠嫁女，是福不是祸

老鼠过街，人人喊打。过往的经验告诉我们，老鼠不知道有多讨厌。而人们却恰恰"设计"了老鼠嫁女的一场戏。正月

初三日，正当老鼠嫁女时。

老鼠嫁女是中国民间流传甚广的故事。过去，在这一日，人们要早早地收拾上床，老人们还不忘逗小孩子说："快把鞋藏好，别让老鼠偷走当花轿了！"平日里顽皮的小孩子在这天夜里格外老实，安安分分地把脚缩进被窝里，生怕老鼠来了要啃脚指头似的。对了，别忘了在床下和灶头撒点米、面或者糕点给老鼠，毕竟，这是人过年，老鼠娶亲的好日子嘛！

四川绵竹地区的《老鼠嫁女》斗方年画创作于清末民初时，被收录进《中国民间年画百图》。即使从没听过此番故事的，见到这幅作品，也会忍俊不禁。

抛开素日里人们对老鼠乖张行为的成见，在这幅年画中，老鼠的形象真是喜庆又喜剧：四只细腿的老鼠抬着一乘大红轿子，轿内，披着红嫁衣的老鼠新娘端坐着。迎亲的老鼠新郎骑着癞蛤蟆，头戴礼帽，手执折扇，看上去衣冠楚楚，双眼却直勾勾地盯着新娘子。可见，作者将民间嫁娶的场景照搬进了老鼠的婚嫁场面。虽然极力在勾勒老鼠新人的楚楚动人，也用老鼠新郎猥琐的眼神这样的小细节传达了人类到底是不喜欢鼠的心思。最为特别的是，画面中甚至还出现了迎亲途中的"程咬金"——一只大黑猫。大黑猫眼神发亮，一出现，便脚踩一只鼠，口含一只鼠。这场婚事到底办没办成，也不得而知了。有人说，鼠新娘泪眼婆娑，想必是看到了末日将至；也有人说，人们赶走了猫，让这对鼠伉俪美梦成真。

春情缱绻,正是恋爱好时节。大度的人们打算放老鼠一马,过去的恶事既往不咎,今时今日且让你安稳成亲。民间因此撒米给老鼠,称为"老鼠分钱",意思就是,"我把今年的收成与你分享了,来年一定要好好相处,千万别闹出鼠患之类的事端。"人们主动示好,也是为了在新年大吉的日子里与老鼠建立和谐的关系,这也跟旧时鼠患频发有很大的关系。

当然了,老鼠从来就是"敬酒不吃吃罚酒"的货色,因此,另有一些年画的画风就突变了。比如,山东潍县的年画《老鼠娶亲倒了运,遇见猫儿囫囵吞》,就描绘了鼠女成亲,却嫁给了猫的故事。有民俗学家认为,鼠本就是人类的敌人。这样的画面正好契合了百姓希望断绝鼠患的朴实愿望。人们给老鼠投食,熄灯禁光也只是为了引诱老鼠出洞,好一网打尽。上世纪80年代,上海美术电影制片厂的剪纸动画片《老鼠嫁女》也采用了老鼠新娘嫁给猫新郎的故事版本。总之,这场正月举行的祀鼠活动,情节"版本"不一,时间上也没有统一。多数人认定的正月初三日,大概还跟初三日为赤狗日(中国民间传说中的不吉利的日子,赤狗是熛怒之神)有关。诸事不宜,更不宜出门,为了避凶险,人们便为提早就寝找一个好玩的由头罢了。

初三的夜晚,若是听到老鼠唧唧吱吱的声音,可千万不要去惊扰它们。你扰它一日,它扰你一年,还是睁一眼闭一只眼吧!

和美圆满小年朝

古时之人重视正月初三尤盛。宋朝时,这一日被称为"天庆节",后来叫作"小年朝"。宋朝的天庆节乃是宫中重要节日,据说宋真宗大中祥符元年,传有天书降临人间,真宗于是下发诏书,将正月初三日定为天庆节。这一日,民间不扫地、不乞火、不汲水,一切都比照岁朝的样子来过。到了清朝,顾禄在《清嘉录·小年朝》中详细记录了这一习俗。

至于具体怎么做?一般而言,无非是尽量不出门或少出门,以免和人发生口角。南方有些地方,还要在门顶上贴上"赤口"(禁口)——一张红纸条,上书大吉大利的话语。

总之,这一天讲究极多,掀起了初一之后的一个小高潮。忙里忙外了一阵子,人们也正好利用这一日宅在家里。

吃什么都别吃米饭

正月初三,碰什么都别碰米。这是因为,这一日轮到谷子生辰,民间为了表达对谷子的敬重,在此日忌食米饭。

既然米不能碰,那就吃面吧!初一饺子初二面,初三合子往家转。合子,是北方人过年离不得的美食,其实就是放大版的饺子。用两张饺子皮捏在一起,中间塞满爱吃的馅料。这种看上去就团团圆圆的讨巧模样,吃进去的是一团和气,一团吉祥，一团福气。

合者，和也。合子往家转，寻求的是赚得盆满钵满的好意头，也凝聚了家人团圆和美的意趣。

细细捋捋这一日，最好不出门，最好别开口说话，不如就好好吃饭，早早睡觉吧！

正月初四：
灶王归来事事吉

喜神归位，人归心。

进入正月初四，一切为迎神而忙碌。最重要的，是灶王爷的回归，抢路头也必不可少。总之，这一天是忙碌且欢喜的。

正月初四是羊日

三阳（羊）开泰日，正月初四时。

今天，我们迎来了羊日。羊，是一种寓意吉祥的动物。羊，本性美好、纯良，西汉董仲舒就曾将"仁""义""礼"这样的大德赋予羊。

羊，谦恭、慈悲，更懂得感恩。古训《增广贤文》就有言："羊有跪乳之恩，鸦有反哺之义。"意思就是说，小羊羔跪着吮吸羊奶，是因为懂得感恩。所以，若是在这一日，有长辈送给我们有关于羊的物件,那是在提醒我们不忘孝悌。

"三阳开泰",正是正月。冬去春来之时,万物映照新生,定有好运降临。因"羊"通"阳",人们往往用三只羊鼎足而立来表现它。《说文解字》说:"羊,祥也。"无论是"三羊开泰"还是"三阳开泰"都昭示着吉祥亨通的光明之相。

羊,被中国古人奉为灵兽,也一直是中国人心中的吉祥物。古代,凡有大型祭祀典礼,必有羊头。

《诗经》有言:"德如羔羊"。善良知礼、外柔内刚,就是属于中华民族的"羊性。"

恭迎灶王爷回家

小年那天,家家户户送走了灶王爷,这么些天过去了,你是不是也很想他?灶王爷不在的日子,忐忑,好似丢了主心骨一般。好在,正月初四这天,灶王爷就要回家了!

万物有灵,灶有灶神,柜也有柜神。民间传说,正月初四正是诸神重返人间的好日子,当然就包括灶王爷。灶王爷从天界回来的第一件事,是要查户口,因此,家里的老老小小都得整整齐齐地出现。诸事大吉,唯独不宜出门!

送灶神有仪式,接灶神的仪式也不可或缺。准备事宜从清晨就开始了,三牲(用于祭祀的牛、羊、猪)、水果、酒菜必不可少,另外,还要准备焚香点烛烧金衣。准备工作烦琐,千万

不要着急，最好是拖到晚上。鉴于"送神早，接神迟"的说法，神仙是一定不会觉得你来得晚的。

盼了一整天，好容易挨到月明星稀之时。先放一串鞭炮，愈是震耳欲聋愈好。接下来，需要一张整洁又略显宽敞的四方桌，因为它将承担供奉神像、祭品的重担。焚香、净手、跪拜、敲锣打鼓，虔诚静候灶王爷的驾到。

过了这一日，诸神归位，过年的人们也准备收心，开始新一年的劳作与忙碌。但在此之前，我们先要忙完这个夜晚，做好迎神接神的工作。

时至今日，接灶神的老习俗已经不大流行，但自年初四起，人们在网上恭迎财神却蔚然成风。一张张财神爷的图片刷屏一样地横扫社交媒体，内容可庄重、亦可诙谐，"恭迎财神驾到，事业蒸蒸日上""财神节日要来到，望眼欲穿财礼包，金银珠宝随你挑，大财小财紧围绕"……雅俗共赏，人神共乐。

其实，真正迎财神的日子是正月初五，只是人们已经等不及初五一大早，便在初四就早早开始准备恭迎财神，争先恐后地欲在初五子夜时分第一时间将财神迎进自家门，这叫作"抢路头"。

总之，灶神已经归位，财神也正欲大驾光临，大家收拾下过年的心情，摩拳擦掌，准备大干一场吧！

"折箩"好吃又落胃

中国人习惯说：人在做，天在看。"天"是谁？大概就是这些神仙们。灶王归来，借各家神位安座，自然不愿意见到满屋子杂乱不堪的样子。前几日不能扔掉的垃圾今天是要赶着收拾出门了。掸尘、除灰、扫地、倒垃圾……像年前一样忙碌起来。最重要的是，一定要将垃圾扔出家门，这叫作"扔穷"。

挥别过去才能迎来美好的未来。"扔穷"，是人们表达勤奋生活、憧憬幸福的姿态；而吃"折箩"，则是本着勤俭持家的传统美德。

"折箩"，北方方言，也作"合菜"。它并非山珍海味，而是酒席上剩下的菜肴。逢年过节，家家户户都会留下不少大菜、好菜。这些剩菜都不要倒掉，把它们烩成一锅，虽不是珍馐，也称得上美味。

吃折箩，在并不富裕的过去是人们习以为常的事情。在今天，很多人家习惯拉上一大家子人进饭店吃团年夜，每顿下来，也总有几样菜鲜见动筷，把它们打包回家，烩上一锅，竟也能填饱一家人的肚子。

过去，"折箩"是穷苦人家的吃食。今天，"折箩"却是要警醒世人，日子虽然好过了，浪费之风可不能长。

过去我们常说：忆苦思甜。有回忆、有比较、有反思，才能愈发懂得感恩生活，感恩大自然的馈赠。只要食物是新鲜能食的，为何不能效仿过去食"折箩"之心呢？

有一年在云南的某个寺庙，吃到一种特别好吃的斋饭。细看，无非就是米饭中杂合了南瓜、土豆、豆腐之类的小菜，没有多余的调料，清淡入味又落胃。相比城里人司空见惯的大鱼大肉，这样的"一锅焖"不给身心增添一丝负担。细问之下，才知道这顿素斋就是用了前一日没沾过的小菜杂烩而成。

平淡见真味，生活很简单。

正月初五：
财神迎来腰包鼓

五路接财神，东西南北中。牛气正冲天，财富五路通。

接财神，一直是春节的核心民俗之一。正月初五这天，我们要干的最大的事情就是迎财神。从这天开始，春节的高潮渐渐落幕，也该醒醒年盹，打起精神，新的工作和生活就要正式开启了。

正月初五是牛日

正月初五，迎来牛的生日。没错，女娲在这一日创造了牛。在这一天，依照老规矩，依然是天晴则牛旺，天阴雨则牛多病。人们要在这一天对牛格外殷勤，要让它们吃得好，睡得好。最重要的是，这一日禁止宰牛、鞭挞牛。

牛也是最早被人类驯服的良畜之一，根据史料记载，早在

7000多年前的新石器时代,人类就把牛驯化役用。"吃的是草,挤出来的奶。"鲁迅先生这句关于牛的总结道出了牛无私奉献的高贵品格。

憨厚勤勉、任劳任怨、品性温良、不屈不折……民间对牛的品质描绘几乎全都是赞美之词。

垦牛耕春,万物复苏之时,水牛在南方的水田播种耕地,黄牛在北方的黄土上拖拉运送……牛为人类社会做出了自己的贡献。

正月初五,开门大吉,百事待兴,先民择定这一日为牛日,定是在告诫后人:像牛一样踏实肯干、勤勤恳恳才能迎来更好的日子。

初五一大早,五路财神齐报道

天时、地利、人和,正月初五,欢天喜地迎财神。

迎财神的日子,一直以来也是没个准头。正月初二有人在祭财神,正月初四也有人在接财神,这到了正月初五,迎的又是哪门子财神?据说,民间曾经将北宋权臣蔡京立为财神,或许与他权倾朝野,家财万贯有关。因为他的生日是正月初五,所以接财神也就定了这一天。后来蔡京声名扫地,民间遂摘掉了他"财神"的头衔,换了他人。但正月初五迎财神的习俗却被保留下来。

其实,正月初二祭财神是北方习俗,迎的财神爷是赵公明;南方人一直以来都是在正月初五才迎财神,迎的是五路财神。

财神竟然有五路?!听上去来头就很大。五路财神的说法也颇多,一般认为是,五路财神是五个人,代表东南西北中,五路都来财。五路财神的前身也是财神的原型之一——抗倭名将何五路。他因保卫家园而英勇战死。人们为纪念他,将其奉为神,又因他无功名、无官衔,只能在财神殿的路头堂祭祀,也就自然成了偏财神。因为名中带"五"字,与"初五"干联,民间遂将他的生辰定为正月初五,这便又是正月初五祭财神的另一个由头。他本来只是一个人,但因名字中的"五"字,被后人附会为五个财神。

于是,五路财神便有了多个版本:比如东路财神比干、南路财神是后周第二任皇帝柴荣、西路财神关公、北路财神赵公明、中路财神是开创商业贸易先河的商朝君主王亥。另一种版本的说法是：文财神是日春神青帝、武财神是赵公明、义财神是关羽、君财神是柴荣、富财神是沈万三，偏财神是最早到东南亚经商的"大伯公"苏福禄。其他种种版本的说法，譬如还指赵公明及其手下的四位部将等就不再累述。中国本来就地大物博，各有其俗，只要是你认定的五路财神就好！

迎财神的正确方式？大概也应该算是丰俭由人，只要本着两点：隆重、热烈就好。也就是说，迎财神要大大方方的，千万不要藏着掖着，这个时候低调，财神恐怕就找不到你家的门了！

旧时，家家户户，尤其是生意人家要在这一天的清晨摆上酒席，热热闹闹地为财神贺辰。供桌上一定不可或缺三牲（牛、羊、猪），除此之外，象征大吉大利的金橘、粉面做成的"元宝"等都要上桌。最重要的是，炸响又长又洪亮的鞭炮！人们认为，在鞭炮声中，送走了"穷神"，也就迎来了财神。

还有心急要抢路头的呢？清代顾禄在《清嘉录》中记载："五日为路头神诞辰，金锣爆竹，牲醴毕陈，以争先为利市，必早起迎之，谓之接路头。"

普遍认为，路头神即"五路神"，"抢路头"即抢接五路财神，冀求五路来财。准备工作从正月初四的下午就开始了，到了子夜时分，三牲、瓜果、鞭炮、香烛齐备，打开大门，焚香祷告，虔诚迎接财神。之后，人们还要畅饮路头酒直到天亮。

"五日财源五日求,一年心愿一时酬。提防别处迎神早,隔夜匆匆抢路头。""爆竹相连不住声,财神忙煞共争迎。只求生意今年好,接送何妨到五更。"这些描绘生动地反映了过去抢路头、迎财神的胜景。

说到底,无论是送穷还是迎财,不过是表达中国人辞旧迎新、希望过上好日子的朴素愿望。勤劳加冕,运气傍身,何愁不来光明前途?

从初五凌晨开始,噼里啪啦,鞭炮响亮,人们自始至终也未必认得清五路财神,也未必清楚接来的又是哪位财神。现在过春节，接财神更是网络上最热衷的一种自娱自乐。形式上走个过场，行动上却要落到实处。总之，你开心就好。

禁忌解除要"破五"，捏紧小人一张嘴

"新正妇女忌偏多，生米连朝不下锅，杯碗捧持须谨慎，小心'破五'未曾过。"这是清末民初的一段《丙寅天津竹枝词》。看上去，比我们在过年期间被时常警告的"不准乱说话""不要乱拿东西"要严格多了……好像行错一步，说错一句会大祸临头似的。

可是到了正月初五，那些个不该做，不能做的事情终于恢复日常了！这样的习俗被称为"破五"。"破五"，也就是送年的意思，万般禁忌宣告解除，该怎么地就怎么地吧！

正月初五，你家还有饺子吗？不好意思，这一天又要吃饺子了！一定要在捏饺子的时候用点劲儿，狠狠地"封住口"，据说，这叫作"捏小人嘴"。

送走穷神，迎来财神，捏住小人，一切的一切，都是为开工开市做准备。明天就是大年初六了，开市大吉，准备收心复工吧！

正月初六：

开市大吉溜溜顺

正月初六马日到。穷气送出门，下田备春耕。鞭炮齐作响，人人开市忙。春节就要过去，生活复又回归，正是春风得意时。

正月初六是马日

正月初六，马到成功。女娲在这一天创造了马，六畜中的压轴之作——马终于登场了。

马在中华文化中拥有极高地位，马刚强、热烈、忠诚，是人类的好朋友，又有昌盛、发达的寓意。在历代文人的笔下，马被寄予了豪情壮志、英雄本色。"夜阑卧听风吹雨，铁马冰河入梦来。"这里有陆游的大气磅礴；"春风得意马蹄疾，一日看尽长安花。"有孟郊的说不尽的畅快；"想当年，金戈铁马，气

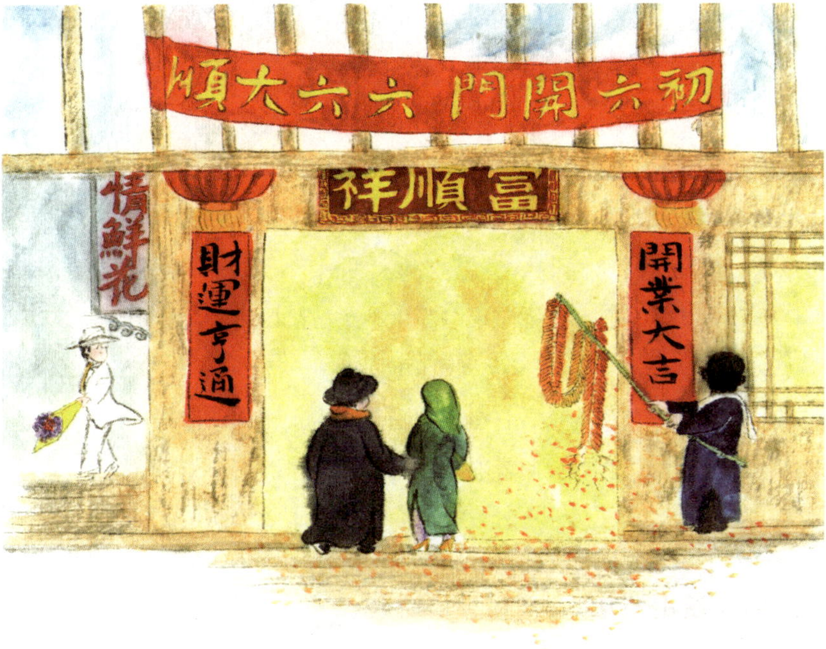
初六開門 六六大順
富順祥
財運亨通
開業大吉
情鮮花

送窮

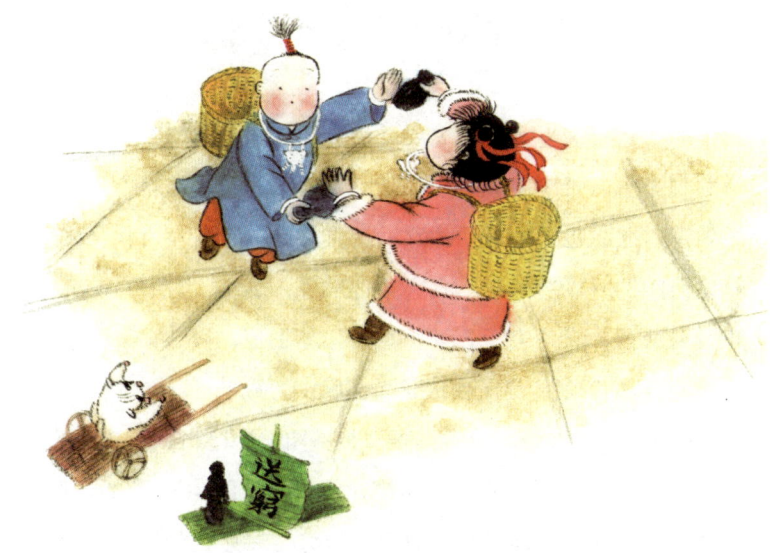

吞万里如虎。"有辛弃疾忆起往昔时的激情澎湃;"还似旧时游上苑,车如流水马如龙。"这里流露着李煜梦回故国繁华如斯的景象……

正月初六马日,祝大家一马当先、龙马精神、马到功成。

古时,马日又称"挹肥",是指正月初一至初五,古人皆不打扫茅厕,累积到这一日也该清扫了。古人在初六清扫污秽,还要祭拜厕神,之后,便要准备下田,开始春耕。

穷鬼,慢走不送

中国人最忌讳的一个神,大概就是穷神,也叫穷鬼。正月初六,家家户户要忙着送走穷鬼,意思是,这一年,千万不要来搞事情啊!

既要送走穷鬼,我们先要弄清楚穷鬼是谁?起初,民间传言穷鬼是上古帝王颛顼之子。他身材羸弱,衣衫褴褛,即便给了他新衣服,也要扯破了才穿,又喜好喝稀饭,在古代人眼中就是典型的一副穷酸相。宫人给他取了一名字:穷子。有一年正月的最后一日,穷子死了,宫人埋葬了他,说"今天送走了穷子。"从那以后,穷子便成了人们眼中的穷鬼。

送穷之俗,自汉已有之。据《金谷园记》记载:"今人作糜,弃破衣,是日祀于巷,曰送穷鬼。"就是说,人们熬粥,扔破衣服,在巷子祭祀他,叫作送穷。唐朝人送穷之风达到鼎盛。唐宋八大家之一韩愈就写道:"(主人)三揖穷鬼而告之曰:'闻子行有日矣,我有资送之恩,子等有意于行乎'?"唐朝诗人姚合更有诗《晦日送穷三首》曰:"年年到此日,沥酒拜街中。万户千门看,无人不送穷。"宋朝以后,送穷风俗依然盛行。到了明清时期,穷鬼也被尊为"穷神"。清人俞曲园《茶香室三钞·送穷鬼》录前朝人的词有:"奉劝郎君小娘子,空去送穷鬼。"到底是穷鬼还是穷神?没人说得清楚。

穷鬼怎么送?

如何成功送走穷鬼?这大概是个技术活。熬粥扔破衣,有点简单粗暴。要不要来个文艺点的方式?比如,以芭蕉船送穷。

这种方式从韩愈这样的大文学家嘴里说出来也就不觉得矫情了。他在《送穷文》中写道:"结柳作车,引帆上墙。"不仅要给穷鬼准备车船,还要带上干粮。看来,送穷不仅文艺,还挺人道主义。

还有一种更游戏的方式,叫作"扔穷鬼,抢财神"。据说,福神刘海喜欢穿红戴绿,民间流传着"刘海戏金蟾,步步钓金钱"的俗语,很受老百姓的欢迎。到了正月初六日,要找来一些正值本命年12岁的小男孩,装扮成刘海,他们要背着5个用白纸或彩纸剪成的小人上街,谁抢到就算谁抢到了财神,被抢者叫扔掉穷鬼。另有一种玩法,是用布料缝制小包,是谓"穷鬼"。

游戏双方各背一个小筐,朝对方的筐子里扔这些"穷鬼",最先扔进对方筐中的,最为吉利。

因为地域不同,各地送穷鬼的方式也不尽相同,甚至时间也有差别。比如,晋北的民间,就有小孩拿着彩色纸剪成的小人儿,到街头互相交换。把自己的纸人送给别人,称为"送走穷媳妇";把别人的纸人换回来,称为"得到有福人"。

有的地方,因着这日是马日,家里还要给送穷的孩子买"驴打滚"吃。

送穷的时间,除了正月初六,正月初五也有送的,正月初三送穷的也不少。比如,广东人就有正月初三为送穷日。在这一天,人们要打扫屋子,将垃圾清理出门,意思是,看吧,"穷鬼"被我扫地出门了!

送走了穷,来年就能家财兴旺。接下来还要干嘛?自然是鞭炮齐响,开市大吉啦!

六六大顺,开市大吉

正月初六才开市?放眼现代,好像有点不切实际。出游的人那么多,都不营业,吃啥喝啥玩个啥?当然,也有熬得住的商家,非要到初六才开市的,为什么?图的就是个六六大顺的好彩头啊!

这在古时,初六之前是肯定没人开业的,非得到了初六大吉之日。新的一年平安顺利，可比少赚两天钱重要多了。

开市这日，如果你是一位有丈夫，有孩子，也有公婆的妇人，那可厉害了！这在大家眼中就是"全可人"，会被讲究的人家邀请到他家去，上各屋转一转，还要说上诸如"开市大吉，事事平安，盆满钵满"之类的吉利话。

在正式开业前，店铺门口是一定要贴上一副对联的，上书"开市大吉，万事亨通"。在广东地区，还会在门口摆上大气的金橘盆栽，象征大吉大利。

准备工作就绪后，就要开始放鞭炮了！因为大家都赶早，初六的清晨，鞭炮声此起彼伏，震耳欲聋。那热闹劲，一点也不亚于除夕。开市，是一定要燃放鞭炮的。一则，鞭炮炸得又红又响亮，象征生意火火红红；二则，这鞭炮的碎红落满一地，也好让今年第一波客人踩上点喜气。这"开门红"不仅是卖家的，也是各位大主顾的。

店门已经打开，伙计们摇头晃脑地使劲打着算盘，噼里啪啦一片声响，这叫作"响响当当"！这一日，店家也不会坐地起价，更可能以低于往日的价格吸引顾客，讨个"开门大吉"的彩头。

初六大顺，和气生财。

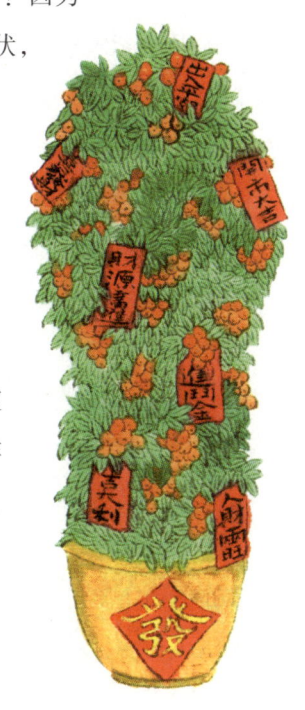

正月初七：

踏青出游食菜羹

从年初一到初六，我们依次迎来又送走了鸡狗羊猪牛马，终于在第七天，女娲创造了人类。这一天，迎来"人类的生日"——人日。

女娲造人的故事我们都耳熟能详，她用黄土和水和成了泥浆，仿照自己的样子造了很多小泥人。后来，她觉得这样捏起来还是太慢，便用一根藤条沾满泥浆，挥舞着甩到地上。这些泥点子落在地上，便成了小人儿。从此，便有了人类。为了纪念这伟大的一日，每年正月初七，成为"人胜节"，又称"人庆节""人口日""人七日"等。

从创造人类，到认识人类。人日，从起初为纪念人类诞生的日子逐渐成为一个尊重人、思念人的日子。西汉文学家东方朔的《占书》讲道："初七人日，从旦至暮，月色晴朗，夜见星辰，人民安，君臣和会。"人和，民安，这就是人日。

戴人胜讨好彩头

新年新气象,万事从头开始。

从东方朔的记载中能够得出,自汉朝起,开始有纪念人日的习俗,至魏晋南北朝时期更盛。一本古代岁时节令风物故事的文集《荆楚岁时令》(南北朝梁宗懔撰)中记载,彼时的荆楚地区,在人日,妇女有戴人胜的习俗。"人胜"是什么?"正月七月为人日,以七种菜为羹,剪彩为人,或镂金薄为人,以贴屏风,亦戴之头鬓。又造华胜相遗。"如此看来,人胜是一种模拟人形的饰物,用剪彩的方式或镂刻金箔为人形,贴于屏风上,或者戴在发髻上,以讨吉利之兆。

到了唐代,戴人胜已不仅仅是荆楚妇女的习俗,几乎人人都佩戴人胜。据说,每逢人日,皇帝要赏赐群臣彩缕人胜,之后登高宴请群臣。不少诗人也将人胜赋于诗中。唐代李商隐的

《人日即事》有言："缕金作胜传荆俗,剪彩为人起晋风。"温庭筠的《菩萨蛮》也有描述:"藕丝秋色浅,人胜参差剪。"随着江南丝绸业的进步,人胜还顺应时代的潮流,有了五彩丝织品款式的人形花样。佩戴人胜,本就有祛病、辟邪、消灾的意思,若这一日又是个艳阳天,则寓意这一年平安顺利,吉星高照。

除了人胜,还有一种花胜。正月初七,春回大地,人们以花做成花胜相互馈赠。

无论人胜还是花胜,都是人们要在吉日讨个好彩头。

最大限度地尊重人,重视人,是人日的意义。因此,才有了古代这一日官府衙门不行刑,家长不训斥孩子之说。

正月初一到初七,从鸡日到人日,无不反映了古人感顺自然,敬天敬人的生活态度。人事和悦,六畜兴旺,才是最深的福报。

七菜羹,七种蔬菜做成羹

除了戴人胜,人日还要吃七菜羹。这样的习俗也被记载进了《荆楚岁时记》:"人日,以七种菜为羹。"不过古时候,吃菜羹的多为南方人,北方人多食煎饼。

七菜羹,又名"七宝羹",顾名思义,是用七种时令蔬菜再加上米粉做成的羹汤。也有人并不加米粉,只是单纯用七种菜放进高汤熬煮食用。做七菜羹的七种菜是什么?一般来说,是指白萝卜、芥蓝、菜心、大芥菜、春菜、大蒜及芹菜,地方不同,七种食材也有变化。广东潮汕一般用芥菜、芥蓝、韭菜、春菜、芹菜、蒜、厚瓣菜；客家人则用芹菜、蒜、葱、芫茜、韭菜加鱼、肉等；台湾、福建用菠菜、芹菜、葱蒜、韭菜、芥菜、荠菜、白菜等。当然，每一样菜都有上好的寓意的：芹菜代表勤奋、勤劳；大蒜是会算钱，会打算；葱自然是代表聪明；芥菜不仅寓意长寿，也有新年发大财之意；韭菜肯定是天长地久啦！

这样一道讨喜的新春小菜端上桌，自然很受欢迎。毕竟连吃了这么多天的大鱼大肉，也是非常需要这样一款"小清新"来清理一下我们的肠胃。先不说七菜羹有"可祛病辟邪"的传说，单单是这绿色的搭配，就非常适合需要轻断食的现代人。

初七，人日，七菜羹吃起来吧！对了，一定要吃完不可倒掉，以免把到手的"福气"倒走了！吃完七菜羹，再学学古人称称体重，看看过个年又胖了几斤？

文雅风流游草堂

天气晴好，又逢人节，不妨出门踏青吧！古诗中说，正月初七不仅是仕女们携手出游的日子，也是文人登高赋诗的日子。最著名的，要数唐代诗人高适的一首《人日寄杜二拾遗》。

"人日题诗寄草堂，遥怜故人思故乡。柳条弄色不忍看，梅花满枝空断肠。身在南蕃无所遇，心怀百忧复千虑。今年人日空相忆，明年人日知何处？"

这首诗,是高适写给寓居在成都草堂的杜甫的。柳条萌发,梅花满枝,漂泊异乡的游子却被撩拨了乡愁。而杜甫在成都草堂接到这首诗时,竟也感动至"泪洒行间,读终篇末"。

数年后,杜甫重读此诗,而高适早已亡故,杜甫感伤之下写下《追酬故高蜀州人日见寄并序》以寄托哀思。由此,高杜二人的真挚友谊传为诗坛佳话。

清咸丰年间,四川学政、诗人何绍基感怀高杜二人的情谊,在正月初七人日到杜甫草堂,题写"锦水春风公占却,草堂人日我归来"一联以作缅怀。后来,不少文人墨客效仿此举,在人日云集草堂,赋诗凭吊。而普通老百姓为了纪念和感怀杜甫和高适的这段友情,也纷纷相约在人日前往草堂踏青、游玩、吟唱诗歌,并逐渐发展成为人日游草堂的民俗活动。

辛亥革命之后,此俗渐衰。直到 1992 年,杜甫草堂博物馆首倡恢复"人日游草堂"活动。

春和景明,琴声悠长,诵读传心,诗词明志,年味更浓。

元宵近在眼前

正月初八以后,年味也就渐渐地淡了下去,春节的高潮虽然已经过去,但民间仍然沉浸在春节热闹祥和的氛围中。

正月初八,民间以为是麦子的生辰。这一天,也是众星下届的日子,古时的寺庙往往要设坛祭星,并接受布施。据说,祭祀的时候要会用两张神码,分别画着星科、朱雀、玄武和本命延年寿星君。自黄昏后,以北斗星为目标开始祭祀。

正月初九,是玉皇大帝的生辰,古时也要举行盛大的祭天活动。

正月初十,则是石头的生日。所以这一天,一切石制用具都要停用,甚至还会设坛祭祀石头。

这样的活动在当今已经不再流行,自初七以后,人们各归各位,开始新一年的忙碌。

古话说"年三十的烟火,正月十五的灯",这一场热闹欢腾的大戏,终归要在元宵节喜庆团圆的氛围中落幕。准备花灯、准备灯谜,吃元宵,置办锦绣衣裳……春节的高潮刚刚落幕,随即又要进入元宵的狂欢。而元宵,才是中国年真真正正的"压轴大戏"。

第三章

节庆活动里的春节

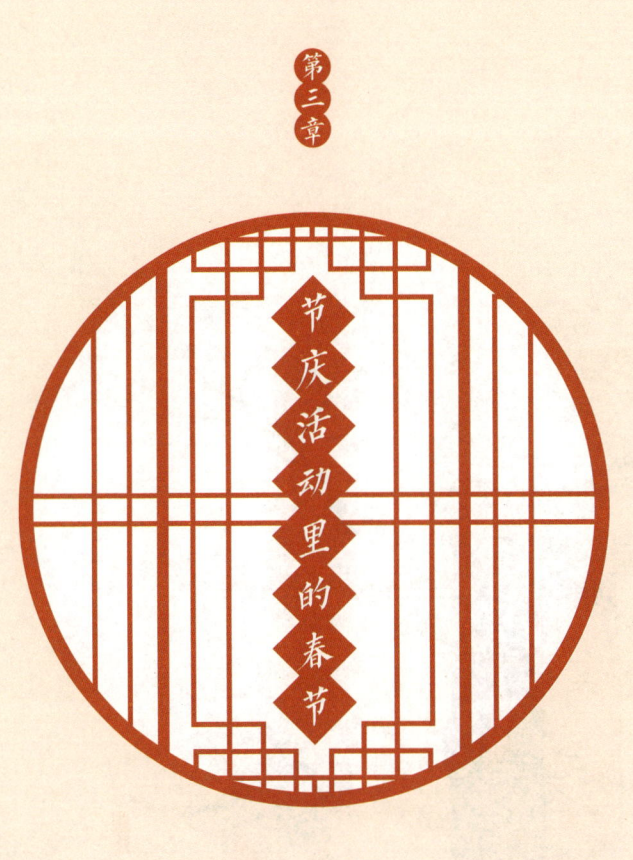

过年，是中国人一年到头的头等大事，其方方面面都足以牵动每个家庭乃至整个社会的神经。

比如春运，支撑着亿万中国人回家过年的宏大主题，飞机、火车、长途汽车，外加越来越多的自驾车，甚至骑着摩托车千里走单骑，所有种种奔波迁徙，历尽艰辛，都只为这一主题——回家与亲人团聚。世上没有比这个主题是更能牵动人心的事情了。

庙会，体现着最浓厚的传统年味儿，又不断融入新时代新社会的流行元素，玩龙舞狮，各种花花绿绿的表演，好吃的、好玩的、好看的，应有尽有，怎么会不讨大人孩子的喜欢！

除夕守岁，曾经是一家人守着大年夜不睡，自上世纪80年代兴起就成了全家老小守着电视机不睡，干什么呢？看春晚啊！看完春晚，电视里新年钟声响起，院子里的爆竹也噼噼啪啪响起了……

春节期间的活动就是这样，传统味道十足，又与时俱进，对每一代中国人都充满了吸引力。

从古到今的"春运",只因"家"在召唤

春运,既是一种社会现象,更是一种文化现象。一到春节前,这些在外一年的游子都大包小包地踏上返乡的路,返乡潮起,春运开始。

春运的方向,就是家

1978年,改革开放的春风吹遍神州大地,越来越多的人外出务工、求学,年前返乡潮开始。"春运"一词,最早出现在1980年的《人民日报》上。春运大军逐年上升,从过去的1亿人次到如今的几十亿人次,这项"人类最大规模的周期性迁移"实至名归。

现在的春运,一般从腊月十五始,到次年正月二十五止,共计40天左右。飞机、火车、汽车等都齐齐投入这场声势浩大

的迁徙中。从每一年的航拍镜头中可以窥见，其规模之浩大，场面之壮观，无出其右。

无数催人泪下的画面也因此集结在春运的场景中：归乡的游子在车站与父母相拥而泣，妻儿在航班到达口眼巴巴地眺望；还有一张张皱皱巴巴的火车票；一麻袋、一箱子的年货；彻夜守在售票窗口前的疲惫脸庞；高速公路上排成长龙的车队……所有人的心都只有一个方向，那就是"家"。

回家过年，是中国人深入血脉的文化基因。就如同饿了要吃饭，困了要睡觉一样，过年了，自然要回家。

春运的尴尬，现代人有，古人也有

旧时，有"父母在不远游"的礼俗约定，因此，古代的人口流动并不大，那时候也没有"春运"的说法，姑且叫返乡吧。返乡的主体自然不是如今的"外出务工、求学人员"，而多是"公务员"和商人。想回家，却回家难，在交通并不发达的古代，也是可以想象的。隋代诗人薛道衡就有诗《人日思归》云："入春才七日，离家已二年。人归落雁后，思发在花前。"

幸好，他们也有春节法定假期。在唐代，就有唐玄宗颁布的《假宁令》："元正、冬至，各给假七日。"意思是说，冬至和春节各有七天假。而宋代，春节的假期依然是七天，但元宵还要放上7天，也就差不多半个月了。但只借助马力，依靠脚力的效率有多低,想都不用想。就算后来有了航道,可以坐船,也不见得可以准时准点地出现在年夜饭的餐桌上。若是遇上天气不测,走上个把月才到家的也不算稀奇。

"海日生残夜,江春入旧年",唐代诗人王湾的《次北固山下》道出了一个游子"身在异乡为异客,每逢佳节倍思亲"的惆怅之心。

当然,为了解决大家"人在囧途"的烦恼,朝廷也在安排工作时尽量就近考虑,即便离家,也尽量不走远。而外出经商之人,则要提前一个多月就启程返乡。返乡的过程也不尽是苦涩的。比如，古代的公务员是有俸禄的，返乡过年也会携带随从。他们风尘仆仆，千里迢迢衣锦还乡，自然是占尽了"荣归故里"的心理优势。

在过去，若是相隔千山万水，要回家一趟自然是花费不菲的，光是路费一项，花上一年积攒下来的银子也未可知。到如今，交通成本大大降低，但回家过年的成本却提高了。走亲访友、人情世故，很多网友甚至调侃说："年关难过年年过，年年过得还不错。"

古代公务员返乡的那一点小傲娇，商人的那一些个小得意，返乡途中的各种艰辛，现代人遭遇的各种"春运"尴尬……在和亲人团聚时所获得的幸福感比起来，都可以忽略不计。

"有钱没钱，回家过年。"无论回家的路有多远，无论回家的路有多难，没有什么能够阻挡团圆的脚步。也正是因为如此，春运，所彰显的人文意义才格外值得津津乐道；而春运文化，也成为春节文化中必不可少的组成部分。

好玩，
不过春节庙会

记得小时候的春节，最期待的莫过于放鞭炮，最喜欢的要数逛庙会。身为一个南方人，可以在春节庙会上吃到正宗的老北京冰糖葫芦，还有天津大麻花，上海灌汤包……真是太幸福啦！南北美食会聚一堂，各色玩具琳琅满目，怎叫人不欢喜呢！

庙会，顾名思义，就是在寺庙附近聚会，进行祭神、娱乐和购物活动。庙会起源于远古时期的宗庙社郊制度——祭祀。在远古时期，祭祀是人们生活中一件经常而又具有重大意义的事情。"国之大事，在祀与戎"，意思是说祭祀和战争一样，都是国家生活中的头等大事。早期的祭祀主要是祭祀祖先神和自然神。在祭祀祖先神和自然神的过程中，人们聚集在一起，举行一些进献供品、演奏音乐、举行仪式等活动，这种为祭祀神灵而产生的集会就是后世民间庙会的雏形。

南北朝时，统治者信仰佛教，大造寺庙，菩萨诞辰、佛像开光之类的盛会应运而生，商贩为供应游人信徒，百货云集，遂成庙市。唐代时，庙会已经成为我国的集市形式之一。北宋时开封大相国寺庙会极有名，有"千古第一才女"之称的女词人李清照曾与其夫赵明诚相偕至庙会。

春节庙会，是一种岁时风俗。过去，老北京、老上海、老南京的春节庙会最为热闹。除春节外，在正月十五、二月二、三月三、四月八、五月五、六月六、七月七、八月十五、九月九、十月初一等大日子，也有相应的庙会。

旧时，物资流通不比现在，出现在庙会上的商品之众，令人咋舌。今天的人们见多识广，虽然也偶有吐槽庙会"年年就那些花样"的，但也架不住年年儿都去凑热闹。

赶庙会，赶的不就是一个接踵摩肩、人头攒动、大包小包、鼓鼓囊囊，南北美味皆入肚肠的热闹吗？

逛吃逛吃？必须有

有多少人是冲着庙会的各地美食去的？

一到庙会，远远地就能看见浓浓烟火气在庙会正上方升腾。热烈的香味引得人垂涎三尺：前调是新疆羊肉串不腻不膻的孜然香味；中调是河南胡辣汤的浓郁香辣；后调是四川钵钵鸡的麻辣鲜香。长沙臭豆腐、天津狗不理、重庆麻辣烫、北京糖葫芦……每一个地方的庙会，总有一款你看得上的"网红美食"。

近些年,韩国炒年糕、日本章鱼烧、印度飞饼、西班牙油条、土耳其烤肉等"网红美食"也迅速占领了春节庙会的热门摊位:足不出户,就能饱食天下美味。那么你一定要拿出吃自助餐的劲头——"(饿到)扶着墙进去,(撑到)扶着墙出来"。

春节,是全世界华人共同的节日,越来越多的国家和地区加入这场隆重的狂欢中。"舌尖上的中国美食"也走出国门,走进庙会的国外分会场。这场"行走的年夜饭"受到各国人民的热烈捧场。中国年,从吃开始,洋溢着满满的幸福味道!

庙会走进新时代,文化庙会正风潮

旧时的北京、上海和南京都是传统庙会的集大成者。老南京的庙会自六朝以后就兴起,每逢年节,秦淮河畔张灯结彩,各色摊位，鳞次栉比；上海的庙会也历史悠久，最著名的要数城隍庙庙会。

北京庙会始于十至十一世纪，十八、十九世纪达到极盛。逛庙会是北京人传统的春节习俗，最著名的有"厂甸庙会""五显财神庙庙会""东岳庙庙会""白云观庙会"等。每逢庙会时，人们首先焚香酬神，之后，再进行娱乐活动。

当年流行的娱乐项目直到今天也还在重复上演：踩高跷、木偶戏、玩陀螺、耍杂技、听大戏、歌舞、相声等，简直就是曲艺界的新春团拜会！小孩子们最喜欢扎进小玩意的世界：抖空竹、吹糖人、捏泥人……这里摇身一变成为民间艺人的秀场，再普通的东西任凭他们的巧手一摆弄，立马逗得小孩子们目瞪口呆。另外，一些小游戏也牢牢抓住了人们的心，比如游戏界的"常胜将军"——套圈，至少也流行了上百年了。摊主将一些小玩具按照九宫格的模样摆在地上，花十块钱买上十个圈，套上什么就能拿走什么。那些个不值钱的往往在最近处，看得上又贵的却在够都够不上的地方。想要拿到心爱之物除了要凭真本事外，还要有点小运气。毋庸置疑，这场游戏最终以摊主的大获全胜告终。

大名鼎鼎的地坛庙会、龙潭湖庙会、大观园庙会，也年年吸引各地游客慕名前往。

除了传统的"游""购""娱""吃"，如今的北京庙会更融合了民俗体验、笔墨纸砚、书画展览等文市活动。近两年来，一些庙会还逐渐取缔了烧烤摊、油炸摊等一些污染环境的摊位，替换为文创产品的展销摊位。"去庙会，逛文化"，逐渐成为当下春节庙会的新风尚。

爆竹声声，烟花璀璨

"爆竹声中一岁除"，春节，离不开爆竹。

爆竹的诞生，是为了驱逐一个叫"夕"的怪兽。爆竹，即焚竹而爆。这样的习俗已经有2000多年历史。南朝《荆楚岁时记》中说道："正月一日，是三元之日也。谓之端月，鸡鸣而起，先于庭前爆竹、燃草，以辟山魈恶鬼。"唐代以后，人们将硝石塞进竹筒中燃放，大大加推了爆竹的助燃力，这也是现代爆竹的雏形。当中国古代四大发明之一的火药诞生后，人们又将硝石、硫黄、木炭等物填充至竹筒内，形成了"爆仗"，其威力与最初的爆竹早以不可同日而语。到了宋代，人们开始在爆竹的外形上做研究，用纸筒和麻茎裹火药编成串做成"编炮"（也就是鞭炮）。明清两代，无论贵贱，皆有春节燃放爆竹之俗。清朝谢文翘《教门新年词》中的："通宵爆竹一声声，烟火由来盛帝京，宝炬银花喧夜半，六街歌管乐升平。"可以想象，春节时期的京城上空，火树银花，爆竹声响彻大地。

一长串红色鞭炮铺在石板路上，有人还嫌不过瘾，又在接头处接上第二串、第三串……只需点燃一头，遂噼里啪啦地炸个不停。孩子们捂着耳朵高声尖叫。碎红落了一地，灿若云锦，一条街都洋溢着喜气和祥瑞。这爆竹声，吓跑了怪兽，达到辟邪消灾的目的；这留下的"满堂红"，又藏着人们深深的祝福。

如果说爆竹助推了春节的声势，那么烟花就是装点了节日的天空，营造了灿烂的美好图景。每当除夕凌晨钟声敲响，爆竹与烟花齐放，今夜无人入眠！

烟花，也叫焰火、烟火、礼花等。放烟花，是中国民间古老的节日民俗。烟花，是爆竹的升级版，它是由爆竹发展演变而来的，始于隋唐时期。爱玩的隋炀帝曾以"火药为杂戏"，并赋诗曰："灯树千光照，花焰六枝开。"到了宋代，烟花由过往流行于宫廷中的奢靡消遣走入寻常百姓家。据说，南宋孝宗就曾微服私访，乘小轿到民间赏漫天烟火。

如今流行于荧屏的清宫戏，时常有皇亲国戚、宫廷佳丽在佳节赏烟火表演的戏份；达官显贵也有附庸风雅者，以赏玩烟火为乐。《红楼梦》第五十四回中记述了荣、宁二府元宵之夜放烟火的情景："贾蓉听了，忙出去，带着小厮们，就在院子内安下屏架，将烟火设吊齐备。这些烟火俱系各处进贡之物，虽不甚大，却极精致，各色故事俱全，夹着各色的花炮。"

从春节到元宵，东风夜放花千树，更吹落，星如雨。

时至今日，为了营造一个环保、安全的环境，我国很多城市已经明令禁止在春节期间燃放烟花爆竹。若是想要赏一场盛大的烟花表演，不妨去香港走一遭。自1982年起，每年的正月初二之夜，香港维多利亚港上空会有庆祝农历新年的盛大烟花秀。火树银花，映衬着维港两侧的摩天大楼，繁华入目，令人过眼难忘。

龙，腾来吉祥；
狮，舞来幸福

新春的电视荧屏，总少不了舞龙、舞狮的场面，在华夏大地上，也在世界舞台上。从正月初一一直到正月十五，天天有助兴，场场都欢腾。

龙，是中国古老的图腾，也是象征祥瑞的一种神物。传说，龙能行云布雨，也能消灾降魔，带来祥瑞。新春佳节，大地回暖，人们借以舞龙，祈求一年的平安、昌盛与丰收，已经是沿袭几千年的古老风俗。

舞龙，又称作耍龙灯、龙灯舞，是一项力与美结合的表演形式。过去，新春游戏队伍中，舞龙总是打头阵的。一人举一只绣球（即龙珠）在队伍的最前方引导，龙队随着绣球的方向翻腾、起伏，时而伏地、时而仰头、时而跳跃、时而摇摆……活跃的身姿逗得围观的人群哈哈大笑。若是龙头恰巧凑到你跟前了，别忘了摸摸龙头，一年好运气哦！

再仔细看这条龙,其筋骨用竹扎成,其外敷布料,再画上龙鳞、龙纹,一旦动起来,惟妙惟肖。龙的节数,也以单数为吉利。中国人信奉"九为至尊",九节龙身极其尊贵。若是游行的规模较大,也可以加长龙身,有达十一节、十三节的,最多可达二十九节。

新春的夜晚,想要赏一出别具特色的龙舞,可以往重庆铜梁去。

铜梁火龙,诞生于1000多年前,是中国民间艺术的一朵奇葩。经岁月淬炼,历久弥新,更誉满全中国乃至全世界。

夜色之中,舞龙人赤膊上阵,滚烫的铁水向天泼洒,漫天飞溅。一众汉子大叫一声,钻进金色的铁水花中,这龙,立马

狂野地欢腾起来。霎时，人声鼎沸，掌声雷动。

"九州方圆千龙舞，独领风骚铜梁龙。佳节年年灯如海，笑语欢颜乐无穷。"2006年，铜梁龙舞被列入首批国家级非物质文化遗产名录，成为中国对外文化交流的一张名片。龙的传人，舞出龙的精气神！

狮子乃百兽之王，外形威武、彰显着雄美。狮子虽然是"外来物"，但在我国传统民俗文化中，是智慧与力量的化身，寓意吉祥、繁荣、平安。

《旧唐书·音乐志》记载："太平乐，后周武帝时造，亦谓之'五方狮子舞'。缀毛为狮，人居其中，像其挽仰驯狎之容。二人持绳秉拂，为习弄之状。五狮子各立其方位，百四十人歌太平乐。舞以足持绳者，服饰作昆仑像。"根据记述，南北朝时，已有舞狮表演，而到了唐代更为盛行。五方狮子舞，以红、黄、蓝、白、黑分别代表东、西、南、北、中五个方位，借以表达盛世太平、风调雨顺、五谷丰登。

春节期间，舞狮或与舞龙一起出现，或单独出现。因为地域之广，又有"北狮""南狮"之分。通常，人们所说的"瑞狮"即北狮，盛行于中国长江以北地区，以安徽青狮、河北保定双狮为代表；南狮起源于广东南海地区，因瑞狮的"瑞"字与"睡"谐音，因此，也有将南狮叫作"醒狮。"

舞狮由两人配合完成，灵活性大大高于舞龙。一人舞狮头，一人舞狮尾。硕大的狮头，圆锃黑亮的眼睛还一闪一闪的，连带着耳朵也跟着颤动，嘴时开时合，再加上喜、乐、惊、疑等各种神态，显得活灵活现，憨态可掬。稍不留神，一个猛子就扎到你跟前闹腾，若是几头狮围住你，那就乖乖掏出红包以示感谢吧！

　　随着中国春节的全球化，海外舞龙、舞狮表演已经不单单出现在唐人街。美国纽约、英国伦敦、俄罗斯莫斯科、西班牙马德里、荷兰海牙的街头，中国龙狮舞如一股红色旋风，风靡一时。各国各族裔民众沉浸在春节的欢乐氛围中。舞龙、舞狮，作为中国传统文化符号以及春节文化内涵，帮助越来越多外国人认识中国，了解春节。

花木迎春,雅俗共赏

除夕忙完,总还要想着布置下客厅和卧房。除了窗花、红桌布等一应喜庆之物外,时令花木也是中国人特别喜欢的装饰物,既不落俗,又取其好意,还能带来生动之色。

花木清供,迎祥纳福

岁朝清供,是中国文人最喜欢的岁朝乐事。岁朝,一岁之朝,一月初朝,一日之朝,乃正月初也。清供,是摆放在案头的盆花、瓜果、文玩等物。从前,供天地神明,圣贤祖宗;现在,祈福之味不减,清赏之趣更浓。

"岁朝",有庆祝新年之始,预祝平安吉庆之意。但其实,岁朝清供并不一定从正月初一才开始,而在腊月间就已经可以陈设了。宋元时期,"岁朝清供图"已经是文人、画家们最重要的年节创作题材,从流传下来的各朝各代的清供图就可得知,这一项春节习俗由来已久,在这之中,时令花木又占了很大比重。辞旧迎新之际，少不得在厅堂添置一些喜庆花木之色，让人见了心生欢喜。

清供花木有哪些？水仙、蜡梅、南天竹，这三样几乎是人人皆知的，可谓"入门级"。水仙最是善解人意。进入腊月之时就可买一盆回来，置于清水中，用卵石覆其上，增添生趣；五日过后，花苗长出一截；再五日，初现花蕾；如此这般到了春节，暖和之气催发花苗，便应时而开了。其香幽幽不媚俗，可细赏玩也！

蜡梅是南方人的专属福利。一进腊月，满大街都是蜡梅花香。下班途中，买一束回家插瓶，暗香盈室，可达数日。正经到了年下，更要折枝梅花插瓶，梅花清雅，瓶寓平安，忙碌的年节，更有一丝真趣在。

若想添点红色，那少不得南天竹。一串串红果子挂在枝头，轻轻摘下，置花盘中，或用素色小瓶插之，给家宅带来明媚的春意和喜庆的年节味道。

除了增添年节氛围，供人赏玩，年宵花卉更有祈福之深意。比如，山茶花代表新春，插进瓶中，寓意"新春平安"；石榴寓意"多子"；桃花则代表春天回归，生活幸福美满；而松柏常青，更含有岁月常驻之意。

"柏子香中霁日妍，一瓶清供晓窗前。玉梅破蕊先含笑，春色今年胜旧年。"（清·沈俊《岁朝清供图》题诗）清供年节花木，将传统文人气质与生活情趣融为一体，寄托了人们对美好生活的崇敬和向往。

年宵花卉,行情年年涨

如果你觉得清供来得过于文气,那还有"简单却不粗暴"的方式:入手年宵花卉。

年宵花卉,即应年节而销售的时令花卉。这个词儿最早由

广东沿海一带流传而来，时至今日，购买年宵花卉，已经不再是广东人的节日专属，逐渐得到全国各族、各地群众的青睐。

花色鲜、花朵大，是选购年宵花卉的重要法则。最常见的如蝴蝶兰、瓜叶菊、仙客来、郁金香、一品红、洋百合等，总之，选一盆回家放在客厅，就要达到"一眼看见"的效果！

一到过年，广州、香港的酒店大堂、公寓楼门口都会摆放着一盆缀满了果实的金橘。金橘的枝头还挂满了红包。老广州人凡事讲求个意头，这样的寓意显而易见：事事大吉、富贵满堂。若是春节期间造访广州人家，也别忘了送上一盆金橘，万事大吉哦！

广州的花市由来已久，可追溯到明朝或之前。花，在广州人心中早已形成了独特的花卉语言。即便是在炮火连天的抗战时期，人们依然顶着硝烟去买花。尽管时局艰难，但生活里有了花，便有了希望。

想要更真切地感受老广的年味儿，一定要去赶一场广州的迎春花市。从每年腊月二十八启幕，一连三天。这三天里，羊城繁花似锦、热闹非凡。"一枝桃花满庭春""大吉大利金桔报""花开富贵是水仙"……花香满城的中国年，你一定喜欢。

天涯共此时，除夕看春晚

除夕晚上八点，年夜饭正吃得起劲，电视机里传来喜庆热闹的问候，一年一度的春节联欢晚会准时拉开了序幕。相声、小品、魔术、杂技、歌舞欢聚一堂，组成了除夕夜最欢乐的背景。无论你是在异国还是他乡，一台春晚，可以拉近和祖国、和家人的距离。

天涯共此时，除夕有春晚。

春晚，可不是现代人的专利

歌舞升平，太平盛世。

很久很久以前，中国原始社会出现了"腊祭"。腊月尽，春又来，人们杀猪宰羊以祭天敬神；用朱砂抹脸，用鸟翼装饰，边唱边跳，祈求风调雨顺，国泰民安。这应该是"春晚"最原始的模样。

随着社会的进步，夏朝开始出现庆祝春节的"文艺表演"，

只是还比较初级,仅仅是吹吹打打,谓之"演春";春秋战国时期,出现了相声的雏形——"俳优"。

骁勇善战的汉武帝其实也是一枚十足的文艺青年。当年,卫子夫就是凭一曲动人舞姿征服了汉武帝,步步为营,登上后座。汉武帝的后宫文艺搞得是有姿有色,"春晚"就是从他这里开始兴起的。只是那个时候的文艺形式跟后代相比还是略显粗糙,主要以杂技、杂耍为主,当然,歌舞是肯定少不了的。

以上仅仅是春晚的起步阶段,以现代人的眼光看,吸睛力恐怕还差点。别着急啊,我们往后慢慢看。

古代的春晚，可能比你想象的好看

要论排场，还看唐朝。万国衣冠拜冕旒的大唐，色彩斑斓，浪漫多姿。长安妹子的霓裳羽衣舞，西域女郎的胡璇舞步，宫廷贵族的柔婉软舞……想要在除夕晚会上艳惊四座，脱颖而出，其难度不小于现在的春晚。如今的春晚从头一年的八月就已经开始彩排，想必在唐朝，应该也差不多。

这一场宫廷夜宴，持续10多个小时，比现在5个小时的春晚信息量大多了！想要一张入门券？不好意思，那你得是皇亲国戚，或者朝廷重臣，再不济，也得是臣子的家眷。所以啊，唐朝超长版豪华春晚，是有门槛的。节目设置，除了歌舞类表演是重头戏外，其余的节目也走"高大上"线路：比如滑稽表演、相扑、魔术，还有一种更特别的表演方式——舞马。高头大马随着音乐节奏起舞，口衔酒杯，半跪送至客人桌前，最多时有百匹马同时表演。可谓唐朝春晚的"台柱子"。

要论时尚，得去清朝。清朝是我国最后一个封建王朝。清朝宫里的春晚，已经有点类似于现代的春晚——一盘大杂烩。从现存资料显示，清光绪三十年（1904年）的春晚节目单，其内容涵盖歌舞、大合唱、新编芭蕾舞剧、演唱、相声、硬气功表演、小品等，其间还穿插宣读海内外各界发来的贺电和现场采访。听上去是不是挺时髦的？清朝的"台柱子"，你想也想不到，竟然是老虎和大象。据说1683年的春节，康熙斥巨资搭台，请来马戏团表演,老虎和大象就是主力队员,硬是把一台皇家春晚搞成了"皇家大马戏"。

以上都是古代皇家的春节晚会,有点"阳春白雪"了。平民百姓呢?有钱人家当然也是可以请戏班子来热闹热闹的,但节目形式也就单调多了。说到底,古代春晚美则美矣,却还是一场贵族阶层的娱乐,是小范围的士族阶层的狂欢,更谈不上与民同乐。

新中国成立后,1984年,第一届春节联欢晚会在中央电视台开播,至今已经连续举办30多年。后来,各地方台也兴起各种特色的地方春晚。看春晚,早已经成为中国人过春节的新民俗。谁人说不出几个春晚明星,谁又不曾哼上几句《难忘今宵》呢?

人们盼春晚,看春晚,聊春晚,评春晚,时至今日,也有很多人嘴上说着"不看春晚好多年",但春晚带来的话题讨论,春晚的热门节目,又有谁不在过年期间聊上几句呢?春晚,可以说早就融入了现代中国人的骨髓。没有春晚,那还叫过年吗?

春节黄金周，怎可不出游

朝九晚五工作的人最是期盼"黄金周"，前后七天大假，即便不能有多远走多远，也尽可以去想去的地方。

一年之中的两个"黄金周"，一个在国庆，正值金秋时分，可拥无边秋色入怀；另一个，就是春节。如今的春节，尽管团聚、叙旧、走亲访友依然是最重要的习俗，但也有越来越多的人选择以出游的方式庆祝春节。正是春光泛上翠微之时，一家老小，相扶出行。只要家人在一起，在哪儿都是过年。

其实，春节黄金周不是现在才有的，唐朝就已经颁布了"黄金周"的"红头文件"，相当于现在国家假日办颁发的放假通知吧。唐朝人说了，每年各有两大"黄金周"：分别是元正和冬至。元正就是新年，也就是所谓的"春节黄金周"；古人一直信奉"冬至大如年"，因此，冬至也有一个大长假。

在宋朝，春节假期连着元宵假期，各有七天，连起来长达半个月之久，简直就是一个超长版的黄金周，羡煞今人！

那么，古人的黄金周到底干嘛呢？吃吃喝喝打打牌？那你也把古人想得太宅腐了！随着春天的回归，万物复苏，人们相约走出家门，看河岸冰融，柳树抽芽。比如，古人就有在春节的早晨吃过饭后，去郊外踏青，是为"走春"。只是一年之初，"走春"是有讲究的，掐指一算今年适宜哪个方向，就往哪个方向去。所以，与其说是"走春"，其实更像是"走出一个大吉大利"吧！

对于宋朝人来说，因为春节假期连着元宵，可以耍的地方也就很多。比如，正月期间，开封沿街都会搭起彩棚。赏灯，不一定要等到元宵，春节期间其实就已经陆续开始上灯了。宋代姜夔在《鹧鸪天·正月十一日观灯》中写道："沙河塘上春寒浅，看了游人缓缓归。"相约出门观灯，这大概是宋朝人最时髦的春节出游了吧！

古人的春节出游模式在今天看来，顶多算得上一种"微旅游"模式。你可能会说：这也太文艺了一点！如今的春节旅游，则更像是一年到头对自己的犒赏。你完全可以效仿古人，来一场诗意之旅：或去一个地方好好发发呆；或去异国他乡感受不同的文化，体验异乡的春节气息。

当"旅行过年"悄悄成为中国人的春节新风潮，它正引导和改变着中国人的思想，成为新时代的春节新年俗。

门神与福，您都集齐了吗？

您家现在过年还贴门神吗？二门神一左一右地贴于大门两旁，威武庄严，过了年后也不会撕去。风雨也是他们，日头也是他们，总是兢兢业业地守护着大门，直到褪去色彩……

谁是门神？

如今倒是很少见张贴门神的人家了，尤其是在城市。这二位大神到底是何方神圣呢？

门神，即司门守卫之神，是农历新年贴于门上的年画。古时，门为五祀（门、户、中溜、灶、行五种主要祭祀）之首，门祀，也是最重要的仪式，后世演变为门神。起初，门神是神荼、郁垒二位。这二人据说为民除害，长得自然形貌凶悍。到后来，门神的队伍发展壮大，有我们常见的哼哈二将，这是武将类；也有魏征、包拯和文天祥，这是文官类；还有钟馗和王灵官，这是道界类；还有赐福天官，这是祈福类。贴哪类门神，

其实并无细致的说法，各家依各家的喜好和实际情况而定。总之，本着"我家大门我做主"的原则，你想请谁来把门关，尽由您自个儿说了算！

贴福，正贴还是倒贴？

中国人讲求过年贴福。从过去到现在，这项礼俗的风头一直很强劲，再忙碌，再随意，都会在门上规规矩矩贴上一个"福"。

平安是福，饱足是福；有钱是福，有儿是福；健康是福，和谐是福；出门是福，回家更是福。福字，是中国人最看重的一个字。有什么都比不得有福气。这"福"，饱含了国泰民安、风调雨顺、顺心如意。民俗学家更是一针见血："福"字含有四种意思：一是"寿"，即长寿，长命百岁；二是"富贵"，即财多物丰；三是"康宁"，即健康无疾患；四是"德厚"，即德善有道。

福，是对过去一年的总结，更是对未来一年的祝福。

福字跃于红纸上，我们要把它仔仔细细地贴起来。去楼栋里走一圈，你会发现，十家大门上有九户都把"福"倒着贴。人们振振有词："福"字倒着贴，福到了！

倒贴福字的习俗，传说起源于清代恭亲王府。有一年，府里的大管家写了几个斗大的"福"字，命人贴起来。有一个家丁大字不识，竟将福字贴倒了。福晋看到以后，十分生气。幸好管家巧舌如簧："奴才常听人说，恭王府福到了，如今大'福'真的倒了，乃吉庆之兆。"福晋一听，觉得甚是有理，于是，不仅没有责罚，还每人赏了50两银子。后来，倒贴福就如此流传下来了。

　　福字真的要倒着贴才好么？另一种说法恰恰相反。大门上的福字，有"迎福""纳祥"之意，因此，大门的福字一定要端端正正地张贴，显示庄重和恭敬。有哪些地方的福字需要倒着贴呢？比如，马桶、垃圾桶等，意思是小"福"不倒大"福"不来。

　　贴福字的时间也是有讲究的。一般在除夕的下午，太阳未落山之前。贴福字的顺序要从进门的顺序开始，先是门幅，再贴窗户，最后才是柜子、垃圾桶。这是取福气从外面流进来之意。

不过，现代人好像也不完全讲究这一套老规矩。什么时候贴，正着贴还是倒着贴都随心随意。

福，还是落在心里最踏实。

压祟压岁，红包到位

"恭喜发财，红包拿来。不给红包，打成熊猫！"每到过年，就有调皮的小孩子围着你，不停地念这样的"咒语"，逗得大人们哈哈大笑，只得乖乖掏出红包。

从压祟到压岁

红包里面装的是什么？当然是钱，给小孩的还叫压岁钱。要说这压岁钱的由来，还有一个传说。遥远的年代，有一个身手不凡的小妖，名"祟"，每逢年三十便出来瞎嘚瑟。若它摸了熟睡孩子的头，孩子便会大哭，甚至受惊生病。

有一户人家老来得子，这一年，他们想了一个主意：用红包包了八枚铜钱让孩子玩，直到睡下。而后，老夫妻将铜钱放在孩子枕边。半夜，祟又来了！当它正要摸孩子头时，枕边闪现一道亮光，吓得祟一溜烟地跑掉。从此，铜钱"压祟"的故事就传开了……人们纷纷给孩子包上"压祟钱"，求得平安。久而久之,"压祟钱"也就成了如今的"压岁钱"。

压惊?辟邪?炫富?古人的花样真不少

要说压岁钱的真正起源,据考证应在汉代,只是那个时候,还叫押岁钱、压祟钱或者压胜钱。那时的压岁钱也不是真的钱币或者银两,而是一种可供佩戴的钱币形状的辟邪物。上面一般还有诸如"福山寿海""长明富贵"之类的祝福。你是不是也觉得,这不就是婴孩儿脖子上的长命锁吗?还真有点那个意思。从古到今,无论是压祟钱还是长命锁,都寄托了长辈对晚辈的殷殷祝福。

如果说汉代的压岁钱还仅仅停留在"美好祝福"的精神层面,那么到了唐代,则更富有娱乐精神了。

繁荣开放的大唐,宫廷散钱之风颇浓。散钱,又称打钱、掷钱、摊钱等,是古人最爱玩的一种游戏。参加游戏者持铜钱在手中颠簸,然后投掷到台阶或者地上,待铜钱摊平,以其正反面的多寡决定胜负。五代时的王仁裕在《开元天宝遗事》记载:"内庭嫔妃,每至春时,各于禁中结伴三人至五人,掷金钱为戏,盖孤闷无所遣也。"春时,即立春之时。因此,散钱是立春日的风俗,立春日也多和元旦(唐代春节)靠得很近,散钱也算是唐朝宫廷版的"压岁钱"吧。后来,散钱还发展出了一个"洗儿钱",比如,杨贵妃认安禄山为义子时,玄宗就"亲视之,喜赠贵妃洗儿钱",以贺喜驱邪。

到了宋元,正月初一正式成为春节,立春的习俗有一部分合并和演变为春节的习俗,比如,春日散钱就演化成为给小孩子压岁钱。据说宋神宗时,一小儿在游园观灯时被掳走,途中正好碰到皇家车队经过。小儿大呼,得救,并随车队进宫。正值年岁,神宗赐他金犀钱压惊,由此,压岁钱又多了一层"压压惊"的含义。

到了明清时期,一般的人家以红绳串着一吊钱赐给孩子;而大户人家,竟要使上真金白银才拿得出手了!清人潘荣陛在《帝京岁时纪胜》就有记载:"除夕为尊亲师长辞岁……阖家团拜,

更尽分岁，散黄钱金银锞锭，亲朋友辈来辞岁者，留饮啜，答以宫制荷包，盛以金银锞饰。"家大业大的荣国府更是不得了！《红楼梦》第五十三回，贾府中开始迎接新年，宁荣二府之中，皆是一片忙碌。这天，宁国府的当家奶奶尤氏，正在和儿媳妇一起打点送贾母这边的针线礼物，有个丫头捧了一茶盘压岁锞子进来，回道："兴儿回奶奶，前儿那一包碎金子，共是一百五十三两六钱七分，里头成色不等，共倾了二百二十个锞子。"尤氏看了之后，道："收起这个来，叫他快把银锞子交了进来。"

除夕这日，众人来到贾母房里给贾母行礼的时候，"上中下行礼毕，散压岁钱，荷包，金银锞"。从这里也可以看出，清代的压岁钱和现在一样，由晚辈拜年后当众赏给，不过，也有待孩子睡着后，悄悄放在枕头下的。

装什么不重要，好意头心意到

到了民国以后，压岁钱开始流行用红纸包裹，这才有了真正意义上的"红包"。压岁钱发多少？好像并没有定论。民国的时候，一般包以100文铜钱，取"长命百岁之意"。新中国成立以后，一毛、两毛、一块、两块都给过。自上世纪八九十年代起，压岁钱的行情看涨，城里的孩子从父母手里几乎能拿到50元、100元的大钞作为压岁钱，越到后来也就越多了。

到了如今，一些人的观念悄然发生着改变：压岁钱就是一

个仪式感,给多给少,丰俭由人,意思一下,达到祝福的目的就好。这有点类似于西方的圣诞礼物。

有一年去广东过年,正月初一的晚上,在酒店大堂收到"财神"派发的红包(当地称为"利是"),回去打开一看,里面包裹着一枚金钱形状的巧克力,颇有新意。广东当地人说,新年派发利是,拜年要发,年后开市要发,节后上班也要发。

一枚小小的红包,装上8块钱,代表"发";装18块,代表"要发";装66块,代表"六六大顺"……如今的红包,花样也更好看了。有"福禄寿喜"款、"春华秋实"款,尽可随你的心意挑选。

现在,若想偷点懒,也不用费心包红包了!尽可以用手机红包代替。平时工作繁忙,过年了,在家人群、朋友群、同学群里,发上一个群发红包略表心意,联络联络感情,你一个我一个,红红火火,亲亲热热。

红包,已经不再是小孩子们的专属福利,甚至还流行上了"看春晚,抢红包"。过年抢红包,已经成为春节一项必不可少的手机游戏。

有事儿没事儿来个红包吧!毕竟有人说过:"没有什么事情是一个红包解决不了的,若是有,那就两个。"

第四章

舌尖上的春节

第五感第六感，都不如舌尖上的幸福感。

在民以食为天的中国，作为举国欢庆的传统佳节之一，春节最具人气的民俗当然也是吃。甚至有人调侃，过年七天乐，就是初一吃到初七，从奶奶姑姑家吃到姥姥舅舅家，亲戚好友，挨个轮流把大家伙招呼到家里，胡吃海喝才肯罢休。

那么，传统中国春节吃什么呢？孔孟先贤端上了五谷杂粮，大唐盛世摆上了生鱼片，讲究生活的宋人呈上汝瓷碗盛着的汤饼——这些，比起今天物质生活水平极大提高的我们来说，虽则寒碜，但说起来很有文化的感觉。

今天的中国，春节期间，普通老百姓带领一家老小，招呼亲朋好友吃几顿"满汉全席"，也不算什么难事。不过，过年有过年的规矩，什么时代吃什么样的年夜饭，其实谁说了都不算。真正古今通吃的，还是北方的饺子，和南方的汤圆。

年夜饭，花样百出庆团圆

春节的食俗，从年夜饭开始说起。

主妇在灶台前连续几日的忙碌，是为了这一顿饭；跋山涉水赶回家的人，是为了这顿饭；老人最期盼的，是这一顿饭；小孩子最爱吃的，也是这一顿饭。再大的生意，大不过这一顿饭；再重要的饭局，敌不过这一顿饭。

年夜饭，吃出家的味道，吃出团圆的欢笑，吃出来年奋斗的精气神！

从古到今，秀出花样年夜饭

过去，日子不富裕的时候，什么好东西都要紧着年夜饭。平时舍不得或者吃不上的东西，这个时候可以适当地提出一点要求了。这是一年家宴的最高餐标，内容最丰富，质量最上乘。

大席当前,拍个照发朋友圈?那是你们现代人的玩法。古人的想法特别务实:一是辛苦了一年,做一桌大宴好好犒劳自己,顺带解解馋;二是一年到头了,年夜饭就是这一年的总结陈词。"看,我们家的年夜饭还算丰盛吧,来年一定是个丰收年!"这样的充实感,不亚于现代人手握年终奖的感觉!同样的,什么好话都要捡着在年夜饭桌上说,正所谓"打一千,骂一万,三十晚上吃顿饭。"忘掉过去不好的东西,一切好事,从这顿饭开始吧!

吃年夜饭的习俗,自南北朝时期就有翔实记载。宋懔在《荆楚岁时记》中说道:"岁暮,家家具肴蔌,诣宿岁之位,以迎新年。相聚酣饮。留宿岁饭,至新年十二日,则弃之街衢,以为去故纳新也。"也就是说,年夜饭首先要吃好喝好,然后还要留下一些,到正月十二,泼洒在街边,取辞旧迎新之意。

孔孟先贤只有粗粮?

米饭、面,是一个"中国胃"最离不得的两款主食。在如今的春节餐桌上,早已见惯了美味珍馐的中国人对于大鱼大肉都不见得待见,更何况米饭和面?

也是，米饭和面，虽然名义上是主食，实际上总处在餐桌最边缘的位置，再惨点，甚至连餐桌都上不了。一杯接一杯的美酒下肚，一盘接一盘的好菜上席，胃里哪里还腾得出主食的位置？

一碗香喷喷的白米饭，又营养又养胃，但在唐朝之前，可是吃不到的。

先秦时期，中国人种植的粮食作物主要是粟、黍、稷，虽然中国是小麦的原产地，但在很长一段时间内并不被重视，仅仅是用麦粒煮着吃，也就是"麦饭"。

到了两汉时期，馒头、饼、面条等食物才逐渐出现，这算是餐桌上的一大步。也就是说，孔子、孟子们的年夜饭，主食只有"粗粮"。

唐代，中国人的粮食结构发生历史性转变，形成了北方以面为主食，南方以米为主食的基本格局。不过，在物资交流并不发达的过去，北方人想要吃上一碗米饭还是相当费劲的。一般来说，若是哪户北方人的除夕餐桌上出现了米饭，一定是土豪。

唐朝年夜饭，最时髦的生鱼片

现代人过年也要吃鱼，水煮鱼、红烧鱼、清蒸鱼，讲求个"年年有余"的意头。在唐朝，年夜饭也得有鱼，还得是生鱼片。

生鱼片不仅是唐朝人日常的美食,也是年夜饭的招牌菜,是不是相当时髦?

唐朝人将生鱼片的做法叫作"脍",不仅唐朝盛行,宋朝也很流行。唐人说,"脍莫先于鲫鱼,鳊、鲂、鲷、鲈次之"。鲤鱼,那可万万不行。因为唐朝皇帝姓"李","李"与"鲤"谐音,现代人钟爱的糖醋鲤鱼,唐代人是体会不了的。

李白曾在《酬中都小吏携斗酒双鱼于逆旅见赠》中夸赞"鲫鱼脍"很是悦目:"呼儿拂几霜刃挥,红肌花落白雪霏"。这么吸睛的一道菜,一定得占据年夜饭的C位。

宋朝年夜饭,汤饼脱颖而出

除夕的中午,宋朝人先要出门约个饭。三五朋友,樊楼走一个呗!几碟果子,再饮酒吃菜。吃什么并不重要,叙旧才是重点。下午便是斗茶。到了晚上,才开始进入年夜饭流程。

宋朝的年夜饭，有一道著名的小吃，名馎饦（bó tuō）。这是中国古代一种水煮面食，类似于现代的煮面片。陆游在《岁首书事》中写道："中夕祭余分馎饦。"自注曰："乡俗以夜分毕祭享，长幼共饭其余。又岁日必用汤饼，谓之冬馄饨、年馎饦。"吃馎饦，就是吃汤面，有祝寿长百年之说。

年夜饭，合家欢

唐宋之前，人们虽然重视年夜饭，但也实在玩不出很多花样。直到明清时期，特别是清朝，年夜饭才越来越有如今的模样，也愈发隆重起来。

清代顾禄在《清嘉录》里，提到"除夜，家庭举宴，长幼咸集，多作吉利语。名曰年夜饭，俗呼合家欢"。这是第一次将除夕团圆饭命名为"年夜饭。"

据说，清朝的皇帝都很勤奋，皇家人想要在一起吃顿饭是很难的事情。除夕家宴就很值得期待了。年夜饭从中午就开始布置，于下午申时（4时）开始正式进行。用到的食材听起来也令人咋舌。比如清乾隆四十九年的除夕，就用到猪肉65斤、肥鸭1只、菜鸭3只、肥鸡3只、菜鸡7只、猪肘子3个、猪肚2个、小肚子8个、膳子15根、野猪肉25斤、关东鹅5只、羊肉20斤、鹿肉15斤、野鸡6只、鱼20斤、鹿尾4个、大小猪肠各3根。除此之外，宴席上还有各种点心、小吃，各种果子、面食、糕饼、冷膳、热膳等，阵容之豪华，令人叹为观止。

吃出幸福好味道

年夜饭，吃的是团圆的喜悦，品的是幸福的亲情，求的是满满的好意。无论是在家做还是在外吃，总有几道菜是必点的：要有鸡，寓意吉；要有鱼，象征有余；要有生菜，意为生财；要有腐竹，寓意富足；要有笋，象征节节高。饺子、年糕、春卷，这几样东西，除了是年夜饭的必备，更是整个春节都要吃的食物。

光有菜不行，还得有酒。古代人过年，要喝一种年酒——屠苏酒。据说，唐代名医孙思邈每逢腊月，总要送给乡亲们一包药酒配料，让大家除夕进饮，可祛风散寒、避除疫病。这种酒就是屠苏酒。饮屠苏酒的方式也很特别，并非先敬长者，而是先请最年少的喝。这是因为，过了年，老者年华更逝，少年则又长一岁，值得庆贺。苏辙便有诗《除日》曰："年年最后饮屠苏，不觉年来七十余。"人生如白驹过隙，不妨今朝有酒今朝醉吧！

中国人的一年，春节最重。开门七件事，柴米油盐酱醋茶，这又说明，民以食为天。从某种意义上来说，春节，就是聚在一起吃个热闹的节日。一年之春,一年之首,一年的重中之重,一定要吃得好。只有春节吃好了,这一年才会吃得好。

人团圆,年夜饭。人心齐,盼来年。大年三十的晚上,当春晚的音乐准时响起,家家户户挂上灯笼,餐桌上热气腾腾,一家人充满欢笑,这,便是最好的时光。

如今的春节,自然是想怎么吃就怎么吃。那春节期间到底该怎么吃呢?各地有各地的风俗。比如,江苏人吃馄饨,福建人吃面条,广东人吃鸡,广西人吃粽子,四川人吃荷包蛋,上海人吃八宝饭……流水一样的春节宴席,总有一些历经岁月更迭,永远占据一席之地的。可以说,它们,永远是春节餐桌的"必选项目",是春节里的"年味儿"。

饺子，
明清两代奠定的"春节霸主"

饺子，是中国人最熟悉的一道美食。"今天吃什么？""吃饺子呗！"听听，越是平常，越是深入人心。

过年了，一盘白白胖胖的饺子在锅里翻滚，格外惹人爱。用小碟盛一碗醋，一口饺子，蘸一口醋，再没有比这口更赞的味道了！

纵观饺子的发展史，并不是一出生就金光闪闪，它也算是从一名无名小卒逐渐发展为春节的餐桌大咖。饺子，据说起源于东汉，"饺子之父"是大名鼎鼎的"医圣"张仲景。这么看来，饺子也算是名门之后。起初，饺子只是用作药用，张仲景用面皮包上驱寒的药材给病人治病，避免耳朵生冻疮。

饺子，在很长一段时间里都跟馄饨较上劲。三国时期，饺子还只是"月牙馄饨"；到了南北朝，依然没摆脱"馄饨"的影子；就算熬到了唐代，也只混了个"偃月形馄饨"的名号。直到宋代，

饺子终于"自立门户",彻底改头换面,摇身一变,改名"角子";元代、明代,又改名为"扁食";到了清朝,终于定下"饺子"之名,直到现在。

　　饺子的地位在什么时候得到的提升?应该是在明代。明朝沈榜著《宛署杂记》载:"元旦拜年,作匾(扁)食。"也就是说,春节吃饺子在明代已经开始盛行。另一本明代刘若愚记述明末宫闱之事的著作《酌中志》也有记录:"正月初一五更起……饮柏椒酒，吃水点心（即饺子）。或暗包银钱一二于内，得之者以卜一岁之吉，是日亦互相拜祝，名曰贺新年也。"看来，至少在明代，吃饺子已不单纯就是吃个味道，还要吃出个名堂，吃出个吉利。

初一的饺子要在除夕夜就包出来。噔噔噔的剁肉声，一家老小包饺子的欢笑声，组成了除夕最欢乐的乐章。

如今的清宫戏如此盛行，经常会看到除夕之时，皇帝宴请满宫嫔妃吃饺子的画面。其实，皇帝在新年的第一顿饭，就要"宠幸"饺子。清朝的饺子也是在除夕晚上子时之前就要包好，待到正月初一的子时，就要吃下，取"更岁交（饺）子（子时）"之意，象征喜庆、团圆、吉祥、如意。凌晨三点，皇帝先去给圣人、药王、列祖列宗敬香，而后，便到乾清宫用煮饽饽（饺子）。

那么民间呢？清代富察敦崇在《燕京岁时记》中记载："每年初一，无论贫富贵贱，皆以白面做饺食之，谓之煮饽饽，举国皆然，无不同也。富贵之家，暗以金银小锞藏之饽饽中，以卜顺利，家人食得者，则终岁大吉。"这就说明，春节吃饺子，在清朝已经是共俗；在饺子中"暗藏深意"，也约定成俗。

饺子之所以能够登上"神坛"，至少有这几点原因：一是取"更岁交子"的寓意；二是饺子本身形如元宝，在春节时吃饺子，有将"财宝"吃进肚里之意；三是饺子有馅儿，人们喜欢将各种带有好意的食物塞进饺子里，取一个"吃到什么就有什么"的意头。比如，吃到枣子是"早生贵子"，吃到白菜有"百财"；

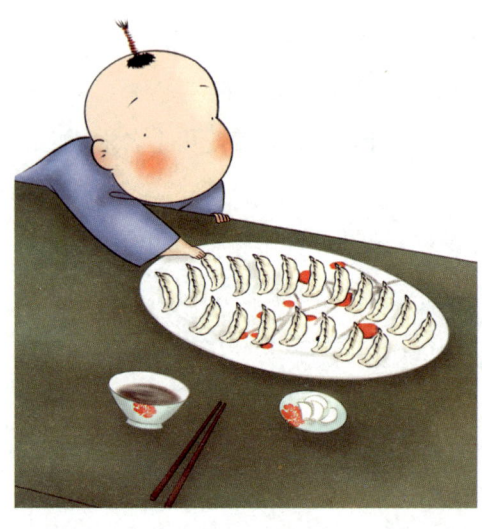

吃到芹菜的可以"勤劳致富"……但一般不做酸菜馅儿的,大概有吃酸菜会过穷酸日子的意思。

煮饺子是一门手艺,说话更是艺术。一锅饺子扑通扑通地跳下水,待火候差不多之时,一家之主就要来问:"小日子起来了吗?"大家就会笑着嚷嚷:"起来了,都起来了!"如果饺子煮过了火,破了皮儿,这时候要说:"饺子挣没挣?"此时要说:"挣了,挣了!"

从包饺子到煮饺子再到吃饺子,样样有说头,老百姓不把饺子的名头都吃进肚里,是誓不罢休的。于是,也有人"颇有微词",比如梁实秋先生就曾写道:"城里人也把煮饽饽当作好东西,除了除夕消夜不可少的一顿之外,从初一至少到初三,顿顿煮饽饽,直把人吃得头昏脑涨。"

不吃不行,那就换个花样吃呗!上海的锅贴、扬州的蟹黄蒸饺、山东的高汤饺、东北的大饺子、广东的虾饺……要不要再来一壶酒?饺子就酒,越吃越有嘛!

年糕，年糕，一年更比一年高

吃年糕，年年高。年糕与过年，也是绝配。

年糕具有悠久的历史，起初，是作为年夜祭神、岁朝供祖之物。它是如何成为一款春节美食的呢？据说跟春秋战国时期的伍子胥有关。彼时，诸侯争霸，战火连年。吴国国君夫差为了防止敌人来袭，便修筑了一道城墙，以为从此便可高枕无忧。国相伍子胥却深感忧虑，便用糯米制砖，埋在地下，并对人说："倘若我有不测，吴国受困，粮草不济，可去相门城下掘地三尺取粮。"没过多久，吴王夫差赐伍子胥自刎。越王勾践举兵伐吴，城内断粮。百姓想起伍子胥的话，纷纷挖地三尺，果真得糯米砖救命。时值新年，为了纪念伍子胥，人们便将糯米砖取名"年糕"。以后每到年节，吴地人皆食年糕。后来，这一习俗也从吴地传至全国。

想要看年糕的"素颜"吗？公元六世纪的一本食谱《食次》

就有描绘:"熟炊秫稻米饭,及热于杵臼净者,舂之为米咨糍,须令极熟,勿令有米粒……"就是说,先将糯米蒸熟,趁热舂成米咨糍,然后切成小块,待晾干后油炸,裹上糖就可以吃了。听上去似乎有点过于随意了?后来,人们开始给年糕"加码":先将年糕做成黄、白两色,象征金银。后来,又用木头做成了年糕印模,把年糕蒸好后,再用现成的印模压成各种形状,比如过年都要有的"五福""如意""大吉大利";也会做一些可爱的小动物,如"玉兔""白鹅"……从此,年糕不仅好吃,也好看起来,真正成为春节不可或缺的一道时令美食。

明清时期,年糕已经十分流行,口味也有了南北之分。晚清有诗云:"人心多好高,谐声制食品,义取年胜年,籍以祈岁谂。"

如今,年糕五花八门,想要吃任何地方的风味都可以轻松买到。苏州的桂花糖年糕、山东的红枣年糕、北京的白果年糕……"年糕年糕年年高,今年更比去年好!"上年糕啦!

吃汤圆，团团圆

除了饺子和年糕，春节也是要吃汤圆的。从前，物资交流不发达，北方多产麦子，过年以吃饺子为主；南方多产大米，过年爱包汤圆。

汤圆的样子十分讨巧，圆圆鼓鼓，内包以芝麻、豆沙、果仁、枣泥等，过年吃一口，保管你这一年日子甜甜蜜蜜，家人团团圆圆。

在四川，还要吃一种更为特别的汤圆，名为元宝。正月初一的早晨，人还没起床，长辈就已经开始吆喝："起床没得哟，起来吃元宝了！"元宝个头很大，足足有拳头般大小，一只碗里，最多盛得下两个。捏元宝，就像是在捏包子，内里的馅料也很足，无非也是实打实的红糖、黑芝麻等类。咬上一口，糖水止不住地流。再咬一口，不禁"哎呀"一声，硬硬的东西是什么？恭喜你，喜提硬币一枚！老辈人看着你笑，谁吃到硬币，一年都要交好运的！

元宝毕竟是汤圆的升级版，包起来费劲，吃下去也不轻松。初一一早吃过就行了，剩下的几天，还是规规矩矩吃汤圆吧！

春节在春天，必得吃春卷

春节是春天的节日，立春之时，我们要吃一种叫作春卷的食物，渐渐地，春卷也成为春节期间不可或缺的一道小吃。

早在晋代，就有春盘的出现。据《风土记》载："元旦造五辛盘"，就是将五种辛荤的蔬菜，供人们在春日食用，故又称为"春盘"。到了唐宋时期，立春吃春饼甚为讲究，宫廷的春饼更是华丽，"翠缕红丝，金鸡玉燕，备极精巧，每盘直万钱"。做春饼的面皮薄如蝉翼，用来包荠菜，再油炸而出，咬上一口，尽是春的味道。据说，清乾隆皇帝就很喜欢春卷这道小食。清朝满汉全席128道菜点中，春卷就是九道点心之一。

从春饼到春卷，内里有所不同，人们对其眷恋丝毫未减。吃过春卷，春天还会远吗？

第五章 诗文书画里的春节

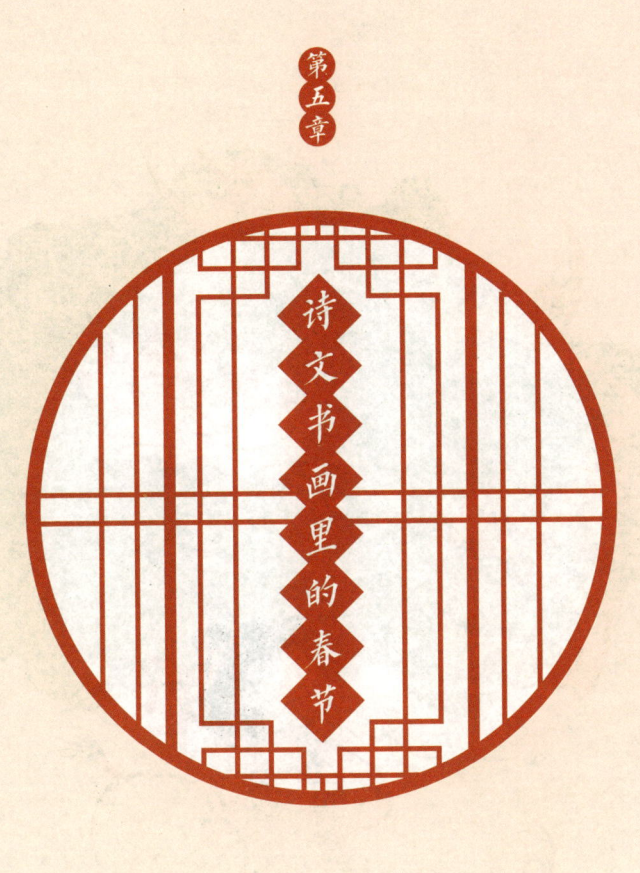

艺术源于生活。春节既然是中国传统社会每年一度的生活大会，当然也是艺术创作的宝库。自古及今，因春节滋生的艺术品类很多，将春节过年作为素材装进文学与艺术作品的，也蔚为可观。其中最受老百姓喜闻乐见的，诸如年画、春联、灯笼，都是融书画、传统工艺等艺术形式于一体的中国特色艺术作品，尤其值得传播传承，发扬光大。

　　春节来自民间的锅碗瓢盆和柴米油盐，从来跟象牙塔不沾边。春节相关的文学与艺术，自然不会阳春白雪，而都是下里巴人，核心理念只有一个：喜庆吉祥。不管是福禄寿喜，还是春联门神，所寓意的不过是吉祥平安。无论是老舍笔下的老北京人过年，还是丰子恺笔下的春节美景，甚至是《红楼梦》里贾府的豪门年，也都离不开这个主题。

开门见喜，福禄寿喜

春节的吉祥喜图

过年了！人逢喜事精神爽，见人就要作揖问候："新春大吉""吉祥如意"。"吉"，意为顺利、美好；"祥"，原意为吉凶的征兆，现意为吉利、幸福。一个"吉"字，一个"祥"字，就是中国人看来最能够得以宽慰的好话。吉祥喜图，不仅是中国传统工艺美术，更是一种信念，一种信仰，一种民族精神。

吉祥话、吉祥图、吉祥饰物等，组成了中国传统吉祥民俗，表达了人们万事顺意的心理愿景，借此达到驱邪避灾、趋吉避凶的目的。

平安是吉、安康是吉。新的一年，借助一切能借助的事物，祝福来年吉庆有余。

吉祥喜图：图必有意 意必吉祥

每到过年的时候，人们会特意买上几幅吉祥喜图窗花，一幅大吉宫灯，一幅五谷丰登，一幅吉庆有余。喜图上，有大大的吉字，有蝙蝠、有年鱼、有宝塔、有梅花、有喜鹊……看似简单，却暗藏深意。

喜图贴上，好事登门，所有的图案组合在一起，无外乎表现四个含义：富、贵、寿、喜。中国人敬天敬神，求的是一个功名在身、丰收在望、延年平安、姻缘美好、多子多孙。我们要将这样的心愿明明白白地告之天地，因此有了吉祥喜图的出现。吉祥喜图始于商周，发展于唐宋，鼎盛于明清，特别是清朝，几乎已经达到"图必有意，意必吉祥"的地步了。直到现在，我们用的很多吉祥喜图图案仍然是沿用清朝的图本。

花鸟虫鱼、山川湖海，无不入画，无不为我所用。

春节大吉，五福齐登门

春节的吉祥喜图，现代人首选贴窗花，在海量的窗花中，又以五福图最为传统。

"五福"是哪五福？在《尚书》中就有记载：长寿、富贵、健康安宁、遵行美德、高寿善终。后来，民间将五福归纳为福、

禄、寿、喜、财。

过年前，到超市或者年货市场选购五福图，你可要睁大眼睛仔细瞧了。五福呢？为什么没有五个福？这时候，店家会掏出一张有五只蝙蝠围合成圆的图样，没错，五只蝙蝠＝五福！

夏天的夜晚，天刚擦黑，"夜行侠"蝙蝠开始出动。它们全身长毛，背部有浓淡不同的灰色、棕黄色、褐色或黑色，虽然有点酷，但真的谈不上"貌美"。如此相貌平平的蝙蝠是如何入了古人的法眼，成为好运的代表词呢？这得益于它的"好口彩"。蝙蝠，"遍福"，再加上蝙蝠还有长寿的基因，这就不得不受到人们的追捧了。若是蝙蝠飞进你家屋檐下，恭喜你，那便是福气临门的祥兆！

你可曾见过一幅《五福和合》的民间吉祥图：五只蝙蝠一同飞进一个带盖的圆盒里，因"盒"与"和"谐音，便有五福齐临，和谐美满之意。

除了蝙蝠本身，蝠纹也经常运用到吉祥喜图上。据载，清乾隆年间最喜欢使用蝠纹图案。瓷器上，家具以及建筑上，都大量使用了蝠纹。今天我们能够买到的故宫款窗花上，也有不少蝠纹的元素出现。

它们都入选了春节吉祥喜图

我们已经知道蝙蝠能带来福气，那么禄呢？自然能想到鹿。

人们都知道，鹿茸制药能延年益寿，强精壮力。鹿与禄谐音，当是不二的选择。当鹿与蝙蝠出现在一起，意为"福禄双全"；鹿立于路间，意为"路路大顺"；鹿与鹤并立，代表"鹿鹤同春"。

说到寿，你一定能想到松鹤延年，松柏常青。无论是春节还是重阳，送家里长辈一幅寿星寿桃图，或者是松鹤延年图，都有祝福长辈健康长寿的好意。

说到喜，首先会想到喜鹊。喜鹊是一种吉祥鸟。"喜鹊声喳喳，俗云报喜鸣"。民间有言：喜鹊叫，好事到。所以春节的时候，怎会少了喜鹊的报喜呢？喜鹊站在梅枝上昂首鸣叫，这叫"喜报春先"；梅花枝头立着两只喜鹊，这叫"喜上眉梢"；双鹊中加一枚古钱，这叫"喜在眼前"；一只獾和一只鹊在树上树下对望，这叫"欢天喜地"；喜鹊栖于梧桐，这叫"喜相逢"。喜鹊入画，釉下彩入瓶，跃然剪纸上……已经流传了两千多年的喜鹊文化在今时今日依然深受追捧。

要说到时下最通俗，也最受欢迎的，大概还是各种与财相关的吉祥图。每年春节前夕，去年货市场转一转就会发现，销量最大的要数"年年有余"图。鲤鱼戏于莲叶间，买一张贴于门上，正好契合年节称颂富裕连年之意。在上世纪七八十年代，曾经十分流行"童子抱鱼"的年画，也有寄希望于"人丁兴旺"，孩子能够"一跃龙门"之意。

福禄寿喜财，齐活了！吉语吉图，迎春纳福。

跃然红纸 春联添喜

楹联,也称"对联",入选中国第一批国家非物质文化遗产名录。逢年过节、操办喜事中国人都会用到楹联。其中,庆贺年节的楹联,叫作"春联"。

春节,是所有中国节中最盛大、最热闹的节日,庆贺礼仪多,仪式感也最强,各种各样表达新春祝福的物品应运而生。若一定要说春节的"吉祥物",春联、爆竹、压岁钱最具代表性,在如今的春节活动中参与度也最高。

腊月二十八,家家户户要写春联。春联的前身,就是古代的桃符。"新年纳余庆,佳节号长春。"后蜀主孟昶创作了中国历史上第一条春联,当时还是题写在桃符上的联语,那一年是公元964年。

春联在明朝之前,都还很小众,直到明太祖朱元璋在位时期,春联才开始真正"飞入寻常百姓家"。

春联的真正普及始于明代,与朱元璋的提倡有关。清人陈尚古的《簪云楼杂说》中记载,"春联之设,自明太祖始。帝都

金陵,除夕忽传旨,公卿士庶门上须加春联一副。太祖微行出观,以为笑乐。"而且,他还为王公大臣们御书春联。赐给中山王徐达的对联是:"破虏平蛮,功贯古今人第一;出将入相,才兼文武世无双。"赐给陶安(元末明初文人)的对联是:"国朝谋略无双士,翰苑文章第一家。"这就是说,无论高官、士人、普通百姓，均要在过年的时候贴上一副春联。由于皇帝的大力提倡与身体力行，春联的地位陡升，异军突起了。

春联为何要写在红纸上？

赤橙黄绿青蓝紫，春联和福字为何偏偏要写在红纸上？在今天的人看来，也许是件再正常不过的事情。红色象征吉利，红色带来祥瑞，红色代表喜庆。春节，举国欢腾的日子，自然是要大肆用红色来渲染的。

春联，最能代表春节；红色，最能代表中国。春联题写在红纸上，就是最具中国特色的节日礼俗。

当中国第一幅春联出现的时候，还没有发明造纸术。那时候的春联，是题写在桃符上的，即便到了宋朝，题写桃符依然是主流，否则怎会有"总把新桃换旧符"的诗句流传至今。但是，自宋朝起，竹纸已经开始盛行，渐渐有取代桃木之势。直到明太祖朱元璋登基，颁布一道家家户户必须贴春联的圣旨，老百姓们恐是为了省事儿，便用红纸替代桃木，从此有了红纸上写春联的习俗。

当然，这只是后人的揣测。还有一种说法就跟年兽"夕"有关了。夕惧怕红色。每逢除夕，家家户户都会挂上红布条，驱逐猛兽，辟邪消灾。后来，人们开始在家门口贴上红纸，并在红纸上题写吉利话，这就演变成了如今的春联。

春联一定是写在红纸上的吗？那还真有例外的。有些地方就有守孝的习俗。服孝的第一年，用白纸书写春联，第二年用绿纸，第三年用黄纸，第四年才恢复用红纸。而且，有时在庙宇里，也能见到黄纸红字的对联和春符。

春联的形式和内容

春联，又叫"门对子""对联""门对""对子"等。过去，写春联、贴春联都极其讲究。写春联讲求平仄对仗，贴春联讲求场所、吉时等。春联，因与文学、书法艺术对接，从一种单纯的辟邪之物成为表达喜庆吉祥的典雅艺术形式。

从前，春联如格律诗一般严格讲求平仄对仗。古诗里有"五言"和"七言"，春联由此也以五字与七字盛行，除此之外，还有四字、六字、八字、九字等。比如四字春联"德门多福，仁里长春"，字虽少却包罗万象；"新年纳余庆，嘉节号长春"就是典型的五字春联；再比如"梅花开五福，竹叶报三多"；六字春联如"大鹏高翔万里，小龙腾飞千年"，就是一幅典型的蛇年春联；七字春联如"祈福德风调雨顺，祝土地国泰民安"。再看八字春联，有"辞旧岁捷报传千里，迎新年春风吹万家"；九字春联如"爆竹两三声人间换岁，梅花四五点天下逢春"……对了，别忘了一定要加上点睛的横批，比如"百福呈祥""祥福大地""万福呈祥"等。

春联发展到今天,人们已经不太注重古人遵循的严格的对仗原则,只要用词对等,春联也可以随意一点,活泼一点。一些网络流行语愈来愈多地运用到春联上,深受年轻人的追捧,甚至还出现了别出心裁的英文对联。比如"红红火火恍恍惚惚,大吉大利今晚吃鸡""桃花朵朵如意春张灯结彩,颜值爆表幸福年欢天喜地"……这样的对联虽然在辞藻上差点意思,但既然春联就是一种文字游戏,本着游戏的态度,为节日增添欢乐的气氛,也未尝不可啊!

春联到底什么时候贴?有说腊月二十八的,有说腊月二十九的,也有除夕才贴的。其实,什么时候贴并不那么重要,只要心意到了就好。

春联,一定要贴在大门口。面对大门,上联贴右,下联贴左,横批贴中间。

"普天同庆,抬头见喜。"

挂吉祥年画，得一团祥瑞

年画，是各地文玩旧货市场上的"常客"。我就曾淘到过一张"百子图"的木板年画，讨喜的小娃娃，丰富的色彩，有着一股喜气洋洋的民俗气息。在北京、天津、济南等地的旧货市场上，甚至还可以淘到清末的年画作品，摆放在家里，甚是一道亮眼的风景。

中国年画，本就是年节装饰绘画，色彩明快艳丽，题材包罗万象，表现形式活泼明朗，带着浓浓的喜气和吉祥味道，让人爱不释手。

年画的创作，非常接地气，表现人民喜闻乐见的生活、新闻轶事、传统戏曲小说、民间故事、吉祥物品等。生活是什么样子，年画就表现为什么样子。

中国年画产地众多，素有"四大"（天津杨柳青、苏州桃花坞、山东杨家埠、河北武强）和"四小"（四川绵竹、河南朱仙镇、陕西凤翔、广东佛山）之分。其中，苏州桃花坞年画，又和天津杨柳青年画、河南朱仙镇年画、山东潍坊杨家埠年画、四川

绵竹年画并称为中国五大民间木版年画。

  传统的年画多为木刻形式,中国人自古就有过年张贴年画的习俗。五谷丰登、五福临门、麒麟送子、蟠桃献寿等,一切表现福禄寿喜财的内容,都可以为年画所用。

  现在,年画有了进一步的发展,有了新时代的内容,出现了商品年画和艺术年画。但无论如何发展,无论传统年画还是新年画,都反映了人们对美好生活的向往和热爱,表达了中国人传统朴素的信仰和风俗,增添了年节欢乐祥和的节日气氛,是当之无愧的民族瑰宝。

  新年,挂吉祥年画,可得一团祥瑞。

杨柳青年画

  天津杨柳青木版年画,始于明朝中后期,在清乾隆、嘉庆年间达到鼎盛,"家家都会点染,户户全染丹青",就很贴切地形容了当时的盛况。杨柳青年画在中国年画版图上占据着重要的地位,和苏州桃花坞年画并称"南桃北柳"。

  杨柳青年画的画风在继承了宋、元传统绘画的基础上,又受到北京宫廷文化的影响,形成了鲜明活泼、喜气吉祥、题材丰富的独特风格。杨柳青年画的取材十分广泛,风俗民情、戏曲人物、历史故事、仕女娃娃、花鸟虫鱼,无不运用,无不生动。尤其是在表达人的情感、情趣和生活方面,独树一帜。

  过年了,若是想要让白胖可爱的中国娃娃来添福添喜,选择杨柳青年画就对了。

  《贵子有余》就是一幅颇为著名的杨柳青年画,它创作于清咸丰年间,现存于中国美术馆。留着阿福头的娃娃怀抱一条大鲤鱼,面若银盘,红光满面,一看,就是人见人爱的福气相。

  另有一幅《四季平安》图,也是清代的老年画,同样藏于中国美术馆。四个童子怀抱花瓶,瓶象征着平安、吉祥之意;插以莲花,寓意平安连年,插以牡丹,寓意富贵平安。四季康泰、安居乐业,年画之中,蕴藏最朴素的心愿。

  2006年,杨柳青木版年画入选第一批国家级非物质文化遗产名录。

苏州桃花坞年画

　　苏州桃花坞,因一首著名的《桃花庵歌》名扬天下。"桃花坞里桃花庵,桃花庵下桃花仙。桃花仙人种桃树,又摘桃花换酒钱。"多么诗意,多么惬意的生活!没错,这个桃花庵就是"江南第一风流才子"唐伯虎笔下的桃花庵。我们只知他晚年隐居的桃花坞,定是一个小桥流水,沉醉不知归去的好地方,却不知道这里也是传统木版年画的代表地。

　　吴地江南,烟波浩渺,桃红柳绿,引人入胜。桃花坞年画诞生于此,自然是带着秀美雅致的审美意趣。它源于宋代雕版印刷工艺,由绣像图演变而来,到明代发展成为民间艺术流派,清代雍正、乾隆年间最为鼎盛。取材选用民俗生活、戏文故事、花鸟虫鱼等，色彩鲜艳明快，线条简单活泼，又格外喜以大红大绿、明黄浓紫的喜庆配色，给人欢乐鲜明之观感。

如今，深入姑苏人家，仍然能看见一张有如一团坐的开心老人的年画，这张图名为《一团和气》。相传为明成化元年宪宗朱见深即位后绘制。这张年画中的主角是一位喜神，头梳双髻，簪大红花，身披桂花宝盖，身穿蝠纹八仙红袄，颈戴长命富贵锁，下穿鹅黄裹裤。眉眼带笑，嘴似含元宝，身形团圆丰硕，尽显大富大贵。

2006年5月，桃花坞木版年画入选第一批国家级非物质文化遗产名录。

百花齐放的木版年画

河南朱仙镇木版年画，起源于唐，兴于宋，鼎盛于明清时期，色彩艳丽，富有浓郁的民间情趣和乡土气息，表现题材多为历史故事、演义小说、神话传说等。

朱仙镇年画最大的特色是选用门神多，且严肃端正，门神中又以秦琼、尉迟敬德两位武将为主。2006年，朱仙镇木版年画入选第一批国家级非物质文化遗产名录。

山东潍坊杨家埠木版年画兴起于明代，清代达到鼎盛。一度，杨家埠"画店百家，画种过千，画版上万"的景象蔚为壮观。

据说，其最大的东大顺画店拥有画版300多套，年制画百万余张。

杨家埠木版年画取材广泛，更记录下中国民间社会生活的情况，极具整理和研究价值。2006年，杨家埠木版年画入选第一批国家级非物质文化遗产名录。

四川绵竹木版年画，流行于中国西南地区，多以木版印出轮廓而后填色，素有"四川三宝""绵竹三绝"之美誉。

绵竹年画起源于北宋，兴于明代，至清代鼎盛。在清朝后期，甚至开辟了专门销售绵竹年画的市场。据说，当时一进入腊月，城内天天有年画出售，大的集市在南华宫，小的游摊更是摆到了城郊，十分繁荣。因而也有"东门河坝去观花，南华宫里去看画"之说。

绵竹年画题材非常丰富，历史人物、英勇武士、美人、儿童以及祥瑞的动物花果等皆可入画题。过年期间，一些如"天官赐福""招财进宝"的年画格外受巴蜀人民的追捧。

2002年2月，绵竹年画入选首批中国非物质文化遗产项目名录。而在2008年"5·12"大地震中，绵竹年画遭到了沉重打击，昔日著名的年画村被毁之殆尽。为保护和发展绵竹年画非遗项目，绵竹市对绵竹年画进行了行之有效的抢救和保护工作。如今，绵竹年画如震后开出的一朵花，凝结着绵竹人民的勤劳与智慧，更体现了巴蜀人民乐观向上、从不屈服的民族风尚。

如今的年，还有几人能想起年画之美？犹记得老舍先生笔下的风光："除夕真热闹。老少男女都穿起新衣，门外贴好红红的对联，屋里贴好各色的年画，哪一家都灯火通宵，不许间断，鞭炮声日夜不绝。"对联、年画，缺一不可，各有各的情怀，都是过年的乐子。

年画匠人如同这个眼花缭乱时代里的旧式人，他们怀着一颗抱朴守拙之心，坚守着一份古旧之美。也愿更多的年轻人能够回归到欣赏这种美，懂得这种美之中来，让传统年画在新时代焕发新的光彩。

古诗词串起的春节

浩瀚的春节诗海,留下了众多佳句名篇。在这些诗词中,能感受到春节浓浓的氛围,春节的民俗风情,以及人们在春节中的各种心情与情怀。

诗词中的腊月风俗

进入腊月,一切事宜围绕着春节开展起来了。过了腊月二十三,更是事儿赶着事儿,难得一日松闲。

腊月二十三,是传统的祭灶神的日子。晚清诗人罗昭隐的一首《祭灶》是这样描述的:"一盏清茶一缕烟,灶神老爷上青天。玉皇若问人间事,为道文章不值钱。"这首诗虽然是诗人在抒发自己怀才不遇的不满,但字里行间清晰交代了这一日有一件大事要办:送灶神老爷回天庭复命。

到了腊月二十五,家家户户要磨豆腐,这在宋朝诗人陈藻的一首《平江腊月廿五夜作》中就有体现。"昨日宰猪家祭灶,今宵洗豆俗为糜。燔柴夹水明如昼，截竹当阶爆御魖。故国赛还新岁愿，老翁回忆幼年时。才高命薄天相戏，我亦刚肠不肯悲。"

腊月二十八，眼见着到了年下。宋冯时行的《腊月二十八日》写道："暑景余三日，忧愁尽一年。酒侵新岁熟，花待故枝妍。邻里多遗馈，庖厨有盛烟。拥炉风雪顺，春意欲相先。"邻里之间相互串门，你送我一盘子豆腐，我回馈你一根香肠，你来我往，围炉待春。

除夕又新春：感慨光阴，感念亲情，感怀欢聚

除夕诗词，乃至春节诗词中，出镜率最高的还是要数王安石的《元日》。"爆竹声中一岁除，春风送暖入屠苏。千门万户曈曈日，总把新桃换旧符。"每每读来，朗朗上口，新的气息扑面而来。

这首诗道出了除夕佳节，人们于爆竹声中辞旧迎新。写这首诗时，王安石初登相位，也借送走旧岁之名，表达了想要革除旧制，实行新政的决心。

除夕之后便是新年。除夕，不仅是一年的界碑，也是记载生命的里程碑。因此，有很多诗人以写除夕之名，抒发对光阴的感慨，对生命的思考，或许还有对现实的无奈，对未来的期许。

南宋爱国诗人文天祥《除夜》："乾坤空落落，岁月去堂堂。末路惊风雨，空边饱雪霜。命随年欲尽，身与世俱忘，无复屠苏梦，挑灯夜未央。"

此诗作于公元 1281 年，这一年的除夕，是文天祥度过的最后一个除夕夜。他感慨：在人生的末路上因为风雨而受惊，在边疆饱经了冰雪寒霜。以后再也梦不到过新年喝屠苏酒，只能在漫漫长夜里拨动灯火。兵败被俘之后，文天祥彼时已被囚禁三年，想起往昔阖家团圆，如今却身陷囹圄，不仅感慨凄凉。

也有独在他乡为异客，除夕之夜不能和家人团聚，以诗情抒发相思意。唐代崔涂的《除夜/巴山道中除夜书怀》："迢递三巴路，羁危万里身。乱山残雪夜，孤烛异乡人。渐与骨肉远，转于僮仆亲。那堪正飘泊，明日岁华新。"除夕之夜，诗人感叹与故乡的相隔万里。只身流离之外，举目无亲，几多心酸，几多无奈，谁人能知？

唐代孟浩然的《除夜乐城逢张少府》则表达了除夕之夜，自己孤身在外，竟能在他乡得遇故乡亲友的"意外之喜"。"云海泛瓯闽，风潮泊岛滨。何知岁除夜，得见故乡亲。予是乘槎客，君为失路人。平生复能几，一别十馀春。"

当然，除夕的诗词中，更有大量篇幅展现欢乐祥和气氛，阖家团圆之景的词句。苏轼的《守岁》就写道："儿童强不睡，相守夜欢哗。晨鸡且勿唱，更鼓畏添挝。"除夕夜，就连儿童也是强撑着不睡，要通宵达旦欢娱守岁的。

过了除夕,就是新春。一切欣欣向荣,诗词中也透出新的希望。元朝叶颙的《己酉新正》:"天地风霜尽,乾坤气象和。历添新岁月,春满旧山河。梅柳芳容稚,松篁老态多;屠苏成醉饮,欢笑白云窝。"冬今春来,万象更新,展现了诗人欢度春节的喜悦心情。

文学作品中的中国年

过去的年是什么味道？除了在诗词中品味，在文学作品中也有大量细致的描写。前人的笔墨下，过年的滋味各不相同。

《红楼梦》：富贵闲人的奢靡年

《红楼梦》里过个年，就数讲究二字了。贾府的除夕怎么过？我们且去观一观。

首先，是要置办年货。原文第五十三回中，讲到"王夫人与王熙凤置办年事"。各种精巧、花样百出自不必说。宁国府内也开宗祠，长房长子贾珍"着人打扫，收拾供器，请神主，又打扫上房，以备悬供遗真影像"。也就是祭祀先祖一干事。祭祀的场面也是十分严格地遵照旧制：主祭人是贾敬，陪祭为贾赦，贾珍献爵，贾琏捧帛，宝玉捧香，贾菖展拜毯。祭罢宗祠，大队人马再到正堂向祖宗遗像礼拜。贾母拈香下拜，这时贾府一族皆跪下，"将五间大厅、三间抱厦、内外廊檐、阶上阶下、两

丹墀内,花团锦簇,塞的无一隙空地"。

接着是除尘布新。"两府中部换了门神、联对。挂牌,新油了桃符","宁国府从大门、仪门、大厅、暖阁、内厅、内三门、内仪门并内塞门,直到正堂,一路正门打开,两边阶下一色朱红大高照,点的两条金龙一般。"

至于压岁钱,其数目之巨,名目之多令人喟叹。发放压岁钱是在向贾母和各位家长行礼之后。之后便是灯火通明,通宵达旦的畅饮。

荣宁二府过个年,内外忙碌一个月不说,银子如流水一般的花出去。就连贾珍也忍不住嚷嚷:"真真别叫过年了!"嘴上这么说着,该有的年货年例一样也缺不得,"大鹿三十只,獐子五十只、狍子五十只、暹猪二十个、汤猪二十个、龙猪二十个、野猪二十个、家腊猪二十个、野羊二十个、青羊二十个、家汤羊二十个、家风羊二十个、鲟鳇鱼二十个、各色杂鱼二百斤、活鸡、鸭、鹅各二百只、风鸡、鸭、鹅二百只、野鸡、兔子各二百对、熊掌二十对、鹿筋二十斤、海参五十斤、鹿舌五十条、牛舌五十条、蛏干二十斤、榛、松、桃、杏穰各二口袋、大对虾五十对、干虾二百斤、银霜炭上等选用一千斤、中等二千斤、柴炭三万斤、御田胭脂米二石、碧糯五十斛、白糯五十斛、粉粳五十斛、杂色粱谷各五十斛、下用常米一千石、各色干菜一车、外卖粱谷、牲口各项之银共折银二千五百两。外门下孝敬哥儿姐儿顽意：活鹿两对、活白兔四对、黑兔四对、活锦鸡两对、西洋鸭两对。"真真一个富贵年啊！

跟丰子恺过个年

有多少人看过丰子恺笔下的年，会想要钻进去过一把瘾？

丰子恺不仅画过年，也写过年。在那些看似平淡，却嚼劲十足的笔墨中，丰子恺为我们勾勒出老习俗中的中国年。

丰子恺写过年，从腊月写到正月十五，最是喜欢描写除夕趣事："大年夜的夜饭，我故意不吃饱。留些肚皮，用于享受夜间游乐中的小食，半夜里的暖锅，和后半夜的接灶圆子。吃过夜饭，店里的柜台上就点着一对红蜡烛，一盏风灯。红蜡烛是岁烛,风灯是供给往来的收账人看账目用的。"

丰子恺的过年漫画,温馨不失趣味,比如一幅《除夜》:父亲托着穿红袄的小儿,母亲举着一支红烛,大姑娘身着长衫,端着一盆兰花,人人面露喜色。丰子恺画过年,一半表现民国风情,另有一半则勾画了新中国成立之后人们过年的喜悦。比如一幅《春节小景》,画的就是戴红领巾的儿童蹲在地上放鞭炮,围观的人群,上至耄耋,下至乳臭小儿,在噼里啪啦的声响中开口大笑。

冰心:烟台的"家庭春晚"和福州的灶糖

冰心先生于1985年写下一篇《童年的春节》,回忆小时候在山东烟台和福建福州过年的滋味儿。

那是在上世纪伊始,年幼的冰心随家人住在烟台海边的偏僻山中,但过年是一年中最隆重的日子,是一年中的头等大事。

"过年的前几天,最忙的是母亲了。她忙着打点我们过年穿的新衣鞋帽,还有一家大小半个月吃的肉,因为那里的习惯,从正月初一到十五是不宰猪卖肉的。我看见母亲系起围裙、挽上袖子,往大坛子里装上大块大块的喷香的裹满'红糟'的糟肉,还有用酱油、白糖和各种香料煮的卤肉,还蒸上好几笼屉的红糖年糕。当母亲做这些事的时候,旁边站着的不只有我们几个馋孩子,还有在旁边帮忙的厨师傅和余妈。"冰心先生提到的槽肉，应该是闽菜系的一道福州传统名肴。她在后文中也说到，自己的故乡是福州。可见，无论身在何处，过年，一定要有家乡的味道。

过年，家里人多，自家就能凑出一台戏。"父亲从烟台市上买回一套吹打乐器，锣、鼓、箫、笛、二胡、月琴弹奏起来，真是热闹得很。只是我挤不进他们的乐队里去！"吹拉弹唱不会，可是放鞭炮却是一看就会的。"我最喜欢的还是一种最小、最简单的'滴滴金'。那是一条小纸捻，卷着一点火药，可以拿在手里点起来嗤嗤地响，爆出点点火星。"这种"入门级"的小鞭炮直到现在都还很流行，两三岁的小孩儿拿在手里也不怕被烫着，着实有趣。

冰心先生11岁的时候回到故乡福州，见识了福州过春节的热闹，比如，自腊月二十三起扫房子，准备鱼肉，写春联等等。更有一样，就是祭灶王。"首先是灶糖、灶饼，那是一盒一盒的糖和点心。据说是祭灶王爷用的，糖和点心都很甜也很黏，为的是把灶王的嘴糊上，使得他上天不能汇报这家人的坏话！"上天言好事，下界保平安。掐指一算，冰心先生说的这回事，也过去一百年了。

如今的孩子们早已不再盼着过年的新衣和糖果，但盼望过年的心情，与故人却是一致的。

老舍：北京的春节

最是热闹北京年。1951年，老舍先生就创作了一篇散文，名为《北京的春节》："北京虽是城市，可是它也跟着农村社会一齐过年而且过得分外热闹。"老舍先生笔下的年有风俗，更有人情味。

"除夕真热闹。家家赶做年菜，到处是酒肉的香味。老少男女都穿起新衣，门外贴好红红的对联，屋里贴好各色的年画，哪一家都灯火通宵，不许间断，炮声日夜不绝。在外边做事的人，除非万不得已，必定赶回家来，吃团圆饭，祭祖。这一夜，除了很小的孩子，没有什么人睡觉，而都要守岁。"

老舍笔下的过年，大抵是每个人心里理想的年。

汪曾祺：家人闲坐，灯火可亲

你若问我，什么是过年最好的样子？我想，汪曾祺先生的一句话便胜过万千：家人闲坐，灯火可亲。这位中国最后的纯粹文人，最后的士大夫，说出这句话的时候，内心一定是非常温暖的。老先生用脉脉含情的文字，以及对生活细致入微的观察，为我们提供了过中国年最好的范本。

过年是什么？过年就是插一枝梅。"一间茅屋，一个老者手捧一个瓦罐，内插梅花一枝，正要放在案上，题目：'山家除夕无他事，插了梅花便过年'。"

汪老说的这回事，叫作岁朝清供。岁朝，一岁之始；清供，案头陈设，如盆花、瓜果、文玩之类。岁朝清供，即是大年初一以清供为新春祈愿纳福。柿子、佛手、桔子，以及老先生提到的梅花，或是水仙、南天竹等，都是岁朝清供的佳品。春节本是一个充满烟火气的节日，因为有了这般雅事，竟平添了几分雅趣。

除了用来作清供品,梅花还有另外一桩好处。比如,先生曾写道:"下雪了,过年了。大年初一,我早早就起来,到后园选摘几枝全是骨朵的蜡梅,把骨朵都剥下来,用极细的铜丝——这种铜丝是穿珠花用的,就叫作'花丝',把这些骨朵穿成插鬓的花……我把这些蜡梅珠花送给我的祖母,送给大伯母,送给我的继母。她们梳了头,就插戴起来。然后,互相拜年。"蜡梅易得,心意却弥足珍贵。那些年的那些蜡梅,在年节的时候,芬芳了多少人的心呐!

过年还应是什么样子?当然还有吃。汪老笔下的吃食,大多不起眼,却吊足了大家伙的胃口。他在《我的祖父祖母》里谈到腌芥菜:"入冬,腌芥菜。腌'辣菜'——小白菜晾去水分,入芥末同腌,过年时开坛,色如淡金,辣味冲鼻,极香美。自离家乡,我从来没有吃过这么好吃的咸菜。"这芥菜,得到古今众多美食家的青睐,苏东坡就是它的头号粉丝。他认为芥菜"天然之珍,有味外之美"。苏东坡发现芥菜之美,是被贬黄州之时于"苦中作乐";而汪曾祺回忆起芥菜的美,却包裹着家乡年节的味道和深情。

除了这一口,还得有饺子。"春节吃饺子,比户皆然。有些老北京人家吃素饺子,以蔬菜、炸油饼、熏干切丁为馅,取其清新爽口。"若春节期间逢上立春,还能讨上一口春饼吃。"羊角葱(生吃)、青韭或盖韭(爆炒)、绿豆芽、水萝卜、酱肉、酱鸡、酱鸭皆切丝，炒鸡蛋，少加甜面酱，以荷叶薄饼卷食。诸物皆存本味，不相混淆，极香美，谓之'五辛盘'。萝卜丝不可少。立春食萝卜，谓之'咬春'，春而可咬，颇有诗意。饼吃得差不多饱了，喝一碗棒渣粥或小米粥，谓之'溜缝'，如砌墙灌浆也。"

　　日子就是一日重复一日，过年，说白了也就是无数个日子中的平凡却又不平凡的一天。所以在这一天，有点雅趣，能给素日的生活添点乐子；吃点别的，能在平淡中找点高光时刻。但生活依旧是生活，平素也好，过年也罢，人生至味是清欢。

图书在版编目（CIP）数据

春节 / 苏槿，萧三闲著 . -- 2 版 . -- 北京：五洲传播出版社，2023.3（中国节）

ISBN 978-7-5085-5030-5

Ⅰ . ①春… Ⅱ . ①苏… ②萧… Ⅲ . ①春节－风俗习惯－中国 Ⅳ . ① K892.1

中国国家版本馆 CIP 数据核字 (2023) 第 021105 号

春节

文　　字	苏　槿
插　　画	萧三闲
出 版 人	关　宏
责任编辑	梁　媛
装帧设计	红方众文　朱丽娜　张芳芳
出版发行	五洲传播出版社
地　　址	北京市海淀区北三环中路 31 号生产力大楼 B 座 6 层
邮　　编	100088
发行电话	010-82005927，010-82007837
网　　址	http://www.cicc.org.cn，http://www.thatsbooks.com
印　　刷	北京市房山腾龙印刷厂
版　　次	2023 年 3 月第 2 版第 1 次印刷
开　　本	787mm×1092mm　1/32
印　　张	7.5
字　　数	210 千
定　　价	49.80 元